60点でも伸びる子、90点なのに伸び悩む子

花まる学習会
相澤 樹

あさ出版

刊行によせて

花まる学習会代表　高濱正伸

予備校で講師をしていた時代に、

「言われたことはやるし、大学には行くことができるだろうけれど、その先、社会に出て働けない大人が量産されているのではないか？　特に、長男はその傾向が深刻では？」

と危機感を持ったことが、今から23年前、外遊びと思考力に特化した「花まる学習会」を立ち上げようと思ったきっかけです。


なぜ、優しいけれど貧弱で覇気がない子がこんなにも多いのか。

その答えが、「母の孤独な子育て」にあると気づくのに時間はかかりませんでした。


地域とのつながりが希薄になり、カプセル化した家族だらけの現代社会。頼りにしたい旦那さんも帰りは遅い。「夫も家族を養うために一生懸命頑張っているのだから、私も我慢しなければ」と自分に言い聞かせ、愛する我が子のために孤軍奮闘するお母さん。

しかし、

いいお母さんでありたいと頑張りすぎてしまい、心身ともに疲れが溜まって、**子どもにきつく当たってしまったり、夫への愚痴を無意識に子どもにこぼしてしまう。**

将来我が子を困らせたくないという愛情の深さゆえに、育児書や教育書を読み漁り、**よかれと思ってドリル漬けにしてしまう。その結果、もっとも大切な学ぶ意欲を失わせてしまう。**

取り掛かりが遅かったり、やる気を見せない我が子を見ては苛立ち、ますます子どもの意欲を削ぐようなＮＧワードを口にしてしまう。

そんな悪循環が習慣化されてしまい、子どもが成人になってから引きこもりになったり、家庭内暴力にまで発展したケースをたくさん見てきました。

一方で、「メシが食える」青年に変貌を遂げた子たちの後ろには、必ず「ニコニコ母さん」がいました。

無理につくった笑顔ではなく、「あぁ、なんてかわいいのだろう」という柔らかな陽だまりのような眼差しで子どもの成長を見守っている、のんびり母さんです。どちらも源泉が「愛情」なのはまったく同じなのですが、圧倒的に後者のお母さんの子どものほうが社会に出てから活躍する子が多いのです。花まる学習会でも、創設以来ずっと変わらず、お母さんが毎日をニコニコと安心して過ごすことが、子どもたちの健やかな成長の土台になると信じてやってきました。

本書では、家庭にある良質な習慣を多くの事例とともに紹介しています。当たり前のことすぎて見過ごされがちだけれども、後々大きな差となってあらわれる習慣です。

思い返せば、ニコニコ母さんの家庭には無意識かもしれませんが、そのような良質な習慣がありました。

さて今からちょうど10年前、本書を執筆した相澤は幼児体育の指導員から弊社に転身してまいりました。

いわゆる生粋の長男気質で、後輩の面倒見がよく、真面目で優しい男でしたが、時として必要な厳しさに欠けていることを指摘し続けたことが思い出されます。しかし、どんなに叱責されても、学生時代に柔道で鍛えこんだ体力と精神力を武器に、何があっても休まないことで力をつけてきた者です。

近年は彼が長男だからこそ語れるオリジナルの長子論や、後からグングン伸びてくる子に共通する家庭習慣の事例をまとめた講演が好評で、全国各地の小学校や住宅メーカーからの講演依頼が数多く届くようになりました。

本書にも、それらでお伝えしているノウハウが多く掲載されています。

日々の生活習慣を見直すきっかけになり、新たな気づきが得られることと思います。

どうぞ最後までお付き合いください。

Part 1

伸びる土台をつくる家庭習慣

Part2 社会でも通用する「考え方」を養う

Part 3
子どもの成長を促す　子育てのポイント

●本文デザイン／讃岐美重

プロローグ
Prologue

60点でも伸びる子、90点なのに伸び悩む子

低学年までに身につけたい、点数よりも大切な力

4年生の国語の授業中、長文のポイントを子どもたちに伝えていたとき、ものすごい風圧が顔を吹き抜けていくような、そんな違和感を覚えました。

この違和感はいったい何なのか——。

これといってしっくりとくる表現が見つからず、徐々にその記憶は風化され、二度と開かない引き出しにしまわれそうになったある日。2年生の子どもたちの答案の丸つけをしていると、再びその違和感が現れました。

今、自分は何にぶつかったのか。

そっと紐解いていった先で見つけたもの……

60点の答案なのに、この子はなぜか伸びそう。
90点の答案なのに、この子はなぜか伸び悩みそう。

違和感の正体はこれでした。

そして、記憶の引き出しにしまってあった、あの国語の授業のときに感じたものに思いを馳せると……やはり答えは同じでした。

今は未完成でも「後から」伸びそうなのか、それとも伸び悩みそうなのか。

1クラス15名程度の子どもたちの中で、その差を感じさせる行動が、確かにそこにあったのです。

私は、花まる学習会の講師として、約10年間、2000人の子の学習指導に携わってきました。

そのなかで、低学年のときにテストの点数が悪くても、高学年からグングン伸びていく子、さらには中学、高校、大学……そして社会に出て活躍していく子を多数見てきました。

反対に、低学年のころにはテストの点数はとてもよかったのに、高学年から伸び悩む子、中学、高校でうまくいかずに挫折してしまう子、社会に出てから引きこもったり、必要な我慢が足らずに転職を繰り返すようになってしまった子……そういう子どもたちも見てきました。

では、高学年以降に伸びていく子たち（私は「後伸び」する子と呼んでいます）は、何が違うのか。

実は、彼らには、テストの点数では計れない、ある「力」が備わっています。それは、与えられた問題を「解く力」だけではありません。

問題を見つける「発見力」、筋道立てて考えられる「論理性」、物事を「検証する力」、さらには、折れない「精神力」、「体力」……といった、解答の正誤だけでは計れない「力」です。

たとえば算数のテストの答案でいえば、すでに習っている問題にはきれいに答えられているけれど、初見の問題やわずかな応用を求められる問題になると回答欄が白紙の子。

反対に、幼さゆえに、詰めが甘く結果的に間違ってはいるけれど、初めて出会う未知の問題や、脳に汗をかくような思考力が求められる問題になると、俄然「やる気」というエンジンがかかり、答案から躍動感が伝わってくる子。

この二者を見ると、後者の子どもに伸びる可能性を感じます。

親の立場になれば、「テストの点数が悪い」、つまり「解く力」が備わっていないと、とても心配になるでしょう。

しかし、**今、いくら点数が悪くても、大切な力を持っている子がいる。**

そして、**今、いくら点数がよくても、大切な力に欠けている子がいる。**

私が感じた違和感は、まさしくこれだったのです。

これは、成績を上げるといった学力の側面だけでなく、社会に出てから自立するためにも必要な力といえます。

そして、その力を育てるのは、本書のテーマである「家庭習慣」なのです。

後伸びしていった子たちを見ていても、やはりその背景には、良質な家庭習慣がありました。

三つ子の魂、百まで

家庭での習慣は、子どもの将来に大きな影響を与えるといっても過言ではありません。では実際に、家庭習慣が子どもによい影響を与えた事例を見ていきましょう。

良質な家庭習慣の事例①

★表現力抜群！　小学3年生「Sさん」の事例

花まる学習会の生徒Sさんは、作文を書かせると、小学3年生とは思えない、抜群の感受性と表現力の豊かさを発揮します。日常の些細な変化を、多彩な表現で文章にする力には、私も脱帽しきりです。彼女は花まる学習会の作文コンテストでも、大賞を受賞しました。

しかし、Sさんのお母さんは、Sさんに作文の書き方を熱心に指導したりするような方ではありません。

では、どうしてこのような能力が身についたのでしょうか？

お母さんによくお話を伺ってみると、Sさんのご家庭には良質な習慣があることがわかりました。

まず、お父さんもお母さんも読書が大好きな方で、Sさんが小さいころから、お二人がそろって本を読む時間があったそうです。ご両親が幸せそうに読書をされる習慣を、生活の一部として目にし続けたことが、自然と本を身近なものとしました。

3年生にして豊富な語彙力を身につけている土壌は、家庭の生活習慣の中にあったのです。

そして、高い感受性が身についた理由も、普段の生活に隠されています。

実はSさんの両親は、家庭菜園が趣味。親子で野菜が育つ過程を一緒に観察しているようです。

後ほどお話ししますが、こうした自然の観察は、小さな変化にも気づく発見力、感受性につながっていきます。

このように、家庭に根付いた習慣は子どもに大きな影響を与えます。

「三つ子の魂、百まで」といいますが、幼少期に身についたことは、高学年以降、大人になってからもずっと残るものです。

それだけ大きな影響を与えるのであれば、よい習慣を家庭に取り入れたいですよね。

「させよう」ではなく「やってみたい」という気持ちを育む

この話を聞いて、「家庭菜園をさせよう」「読書をさせよう」と考える人もいると思います。

しかし、それは違います。

私が言いたいのは、家庭で子どもに読書をさせよう、家庭菜園をさせよう、ということではありません。

家庭自体にある習慣・風土が、子どもに大きな影響を与えるということです。子どもだけに何かよい習慣をやらせたとしても、あまり意味がありません。子どもに影響を与えるのは、その家庭自体に根付いている習慣（風土）です。

親、そして家庭全体に、それが当然だ、楽しいものだという空気をつくりだし、それが子に伝わり**「自発的に取り組む」ようになって初めて、意味のある良質な習慣となります。**

親が家庭菜園を楽しんでいるからこそ、子どもも家庭菜園を楽しんで自発的に観察します。親が読書好きだからこそ、子どもも読書をします。

こうした自ら「やってみたい」と思う気持ちこそが子どもの力を伸ばすのです。

これは、家庭菜園、読書といった行動レベルでの家庭習慣だけでなく、意識レベルでの習慣も同様です。

たとえば、何かをやらせるとき「やりなさい」と命令することが習慣化している家庭では、子どもが伸び悩む傾向にあります。たとえば、勉強の習慣において、「宿題をしなさい」と指示しているような家庭です。

もちろん低学年までは、ある程度「やりなさい」と指示し、習慣化させることも大切です。

しかし、そのなかで子どもが楽しみを見出し、自発的に取り組むようになればよいですが、親の命令状態が高学年まで続く場合は、結局はただやらされているだけ。**主体性を持って取り組むようになっていかなければ、結局いつかは、嫌になって伸び悩んでしまいます。**

事実、東京大学に通う学生に向けたアンケートでは「親に勉強をしなさいと言われたことがない」という項目にほとんどの学生は「YES」と答えるようです。これは私の考察ですが、そのように答える子の家庭には、「やらせる」という文化がなく、良質な習慣を親御さんが自然と示し続けたのではないかと考えます。「学ぶは真似ぶこと」と言いますが、まさに親の背中を見て育った典型例だと思うのです。

「向かい合って後ろ向きに歩く子育てをするよりも、同じ方向を向いて進んだほうがお互いストレスが少ない」

私が保護者の方によく言うことです。

東大生の多くはやらされていたわけではなく、知識を得ることが楽しいという意識が家庭に根付いていたのでしょう。

また、伸びる子の家庭では、「やりなさい」ではなく、「私も一緒にやろう」という声かけや行動が習慣となっているケースも多くあります。

たとえば、次の事例を見てみましょう。

良質な家庭習慣の事例②

★漢字大好き 小学2年生「Rさん」の事例

花まる学習会に通う小学2年生のRさんは、漢字が得意。すでに小学校4年生の漢字もマスターしています。

彼女は漢字が大好きで毎日練習していますが、その習慣が身についたのは、お母さんのちょっとした工夫からでした。

実は、Rさんのお母さんは「漢字の練習をしなさい」とお子さんに強制したのではなく、「お母さんも一緒に勉強しようかな」と言って、実際に漢

字のテキストを購入。Rさんと一緒に、毎日漢字の練習を続けました。
さらに、漢字検定を受けるという目標を立て、親子で頑張ったそうです。
それがRさんの漢字好きにつながりました。

「お母さんも一緒にやろうかな」そういった意識で同じ土俵に立ち、そこでお母さんが楽しんで取り組んだことで、子どものやる気が芽生えた好例です。

こうした親の意識レベルでも、子どもの成長は変わってきます。

本書では、このような意識レベルでの習慣も「家庭習慣」としており、意識、行動の双方で、家庭に取り入れたい良質な習慣を紹介します。

いずれも子どもだけに無理矢理やらせていては、効果は期待できません。**いかに、やりたい状況に持っていくか**を考えることが大切と心得て、家庭全体で自発的に取り組むように心がけて実践してみてください。

ではさっそく次章からは、良質な習慣とそこで何が身につくのかをお伝えしていきます。

Ｐａｒｔ１、２では、さまざまなことにチャレンジしたり、困難にぶち当たってもめげずに取り組めたり、集中して物事に取り組むことができたり……いわば後伸びするための「土台」となる力を育む習慣を紹介します。

Ｐａｒｔ１では、人としての魅力、自発性などの基礎的な力を、Ｐａｒｔ２では「要約力」「論理性」「発見力」などの思考力に絞って、良質な習慣をお伝えしていきます。

そしてＰａｒｔ３では、子どもに影響を及ぼす、子育ての注意点について言及します。

家庭習慣は、親次第で、すぐに変えられるものです。

本書を通じて、皆さんの意識や行動が少しでも変わり、お子さんによい変化があれば、教育に携わる一人として望外の喜びです。

ただし、無謀な習慣を立ち上げて、親御さんにストレスがかかることは逆効果。あくまでも、無理なくできそうなことから始めることをおすすめします。

column・1

家庭での「食」の意識を大切に

家庭での習慣が、子どもに大きな影響を及ぼすことはここまで述べてきた通りです。

それゆえ、毎日必ず行う習慣ほど、より大きな影響を及ぼすといえます。

たとえば、「食」も毎日行う習慣の一つといえるでしょう。

ビュッフェ形式の食事のとき、子どもたちのお皿を見ると、家庭での食習慣がよくわかります。

①主食、副菜、汁物などをバランスよく、食べきれる量だけ盛りつける子

②好きなものだけを大盛りにする子

③デザートだけしか食べない子

①の子は、言わずもがな、家庭での食習慣がしっかりとしている証拠

です。朝ごはんをしっかり食べる、好き嫌いをしない、出されたものは残さない、箸をきちんと持つ……そうしたことが、当たり前のように家庭で行われていることでしょう。

こうした子は、そのほかの良質な習慣もきっちりと行えているもの。事実、①のような取り方をする子は、伸びる子が多いです。

②、③のような子は、やはり家庭の食習慣に問題があるといえます。嫌いなものは残しても大丈夫、極端な偏食に親が合わせている、朝ご飯を食べていない……。

すると、やはりその他のよい習慣も身についていないことが多いです。

■毎日行う習慣だからこそ、大切に

私が幼少のころを振り返っても、ご飯粒を残してはいけない、つくってくださる方や命をいただくことへの感謝の気持ちを忘れてはいけない、といったことを常に言い聞かされていました。

もちろん子どもですから、そう言われても苦手な食べ物に対して箸が伸びないこともあります。それでも、「我慢して」食べなければいけないと思うものでした。

「我慢してまで食べる必要はない」と考える方もいらっしゃるかもしれませんが、こうした日々行う習慣で我慢が足りないことが、現代社会でメシが食えない大人を量産している一つの要因だともいえます。

「食」は毎日必ず行う習慣の一つ。日々の積み重ねが、子どもたちに大きな影響を与えることを忘れてはいけません。

たとえば、嫌いなものを食べない習慣は、それを食べられないこと自体が悪いのではなく、「嫌なもの＝逃げてよい」と思わせることにつながります。それが習慣として身についてしまえば、宿題や学校の授業など、嫌いなものから安易に逃げ出そうとするでしょう。これから紹介する習慣でも、毎日行うものはとくに、注意していくようにしてください。

なお、「食育」というと、途端に敷居が高くなります。

しかし私は、決して子どもが口にするものすべてを手づくりにしなさい、栄養バランスをきっちりと整えなさい、という極端なことが言いたいわけではありません。食事への心構えの問題です。

・苦手な食べ物を「食べない」ことをかんたんに認めない
・子どもの前で、親自身が「これは嫌いだから食べない」といった偏食や好き嫌いをしない
・バランスよい食事を心がける
・朝ご飯の習慣をつける
・食事中にテレビを見ない

こうした心がけを家庭で意識して、継続的に取り組むようにしてみましょう。

Part 1

伸びる土台をつくる家庭習慣

質のよい「集中力」を育む「遊び」とは？

小学4年生以降に伸び始めた子たちの共通点として「集中力の質」が挙げられます。集中力があるかないかではなく、「質」のよさです。

保護者との面談で、

「うちの子は、ゲームをやっているときとテレビを見ているときの集中力はすごい。これが、勉強に生かされないものか」

と質問を受けることがあります。

しかし、残念ながらこれは生かされません。

集中力の「質」が違うからです。

子どもたちをよく観察していると、集中力には、「静」と「動」、「受」と「能」の組み合わせがあることに気づかされます。

伸びる子は「静」と「能」、つまり刺激の少ないもの（静）に自ら能動的に働きかける（能）集中力に長けています。

たとえば授業中、先生の話を聞くという、決して強い刺激ではないものに対しても「これは大切！」と、自らそこに前のめりに踏み込むような集中力があるのです。

一方で、伸び悩む子たちは「動」と「受」、刺激の強いものをただ受け入れる姿勢が身についてしまっていることが多くあります。

その原因の代表的なものとして、娯楽性の強いテレビやゲームが挙げられるでしょう。

こうした子たちは、刺激が薄くなった途端に物足りなさを感じて新たな刺激を探し、探しても刺激がなければ機能不全（ぼーっとした状態）に陥ります。

ゲームの集中力が勉強に生かされないのは、これが理由です。

☑「静」の遊びに熱中させる

ではどのように、「静」と「能」、刺激の少ないものに自ら働きかける集中力を養えばよいか。

それは、幼児期のうちに刺激が少ない「遊び」で、夢中になる経験を豊富に積むことです。

たとえば、お絵かき、迷路、ブロック遊び、読書、工作、囲碁、将棋、トランプ、音楽鑑賞などがそれに当たります。大好きな分野の図鑑に熱中するような経験や、お母さんがつくる料理に高い関心を示すのもよいことです。

これらを行うなかで、**「好奇心を抱く→観察する→夢中になる→飽きる→新しい発見」**のサイクルを繰り返し、自ら働きかける集中力が養われます。

大切なのは技術を得るとか、何か特別なことができるようになることではなく、深く良質な集中力を大好きなことで発揮し続けることなのです。

なお、プロローグでも述べた通り、「ブロック遊びがいいから買ってやらせよう」と買い与えるだけでは、効果は期待できません。

大人が夢中になってやっている姿を見せたり、一緒に取り組んだり、実際につくってみせることで、子どものやる気はずいぶん違ってきます。

私も幼児期に、親にダンボールで家をつくってもらい、「自分もつくってみたい！」と熱中したことを今でも覚えています。

子どもが本来持っている好奇心の芽を自然と伸ばし、自ら「やってみたい」と思って取り組めるようにしてみましょう。

刺激の少ない「遊び」に夢中になる

後伸びする子の家庭習慣 1

子どもの「探求心」を養うテストの結果の見方

伸び悩む子で多いのが、「答えを知りたがる」という傾向です。

○×がすべて、合っていることだけが正しい、最短距離で正解にたどり着きたい……こうした合理的な考え方が極端になっていくと伸び悩むことが多いといえます。

そしてこれは、家庭に根付く風土がそうさせていることが多いです。

たとえば、子どもがテストを持って帰ってきて95点だったとします。

間違えた5点について、どのように声をかけますか？

よく聞くのは、取れなかった5点を指して、「これさえ間違えなければ100点だったのにね」という言葉。

ともすれば、惜しかったという事実を伝え、子どもの意欲を喚起したくて発している言葉のように聞こえますし、親御さんの思いは事実その通りなのですが、実はこれは、点数しか見ていないからこそ出てしまうものです。

こういった返答を続けると、子どもは、**「100点を取ることが正しいこと」「間違った答えは恥ずかしいから書きたくない」**といった点数や見た目に縛られた考え方を抱いてしまい、本質であるはずのプロセスを軽視し、すぐに答えや結果を知りたがるようになってしまいます。

すると、問題を解くのが好きというよりは、点数を取りたがる子になってしまうのです。

こういった傾向の子は、学年が進んで勉強が難しくなったりして点数が取れなくなると、途端に勉強が嫌いになり、伸び悩みます。恥ずかしながら私自身がまさにそうでした。

反対に、今は点数が悪くても、問題を解く楽しみを知っている子は、どんどん伸びていくのです。

☑プロセスを重視するコミュニケーションを

そこで、私が小学校低学年の子を持つ親御さんによく伝えているのは、**「返却されたテストでは、点数ではなく間違い方をよく見てほしい」**ということです。

たとえば、結果的に間違えていたとしても、頭をよく使っていて、思考の過程がはっきりと形跡として残っていれば、それはよい間違え方。その解こうとした努力を前向きに捉えてほしいのです。

間違えた部分がわかるようになることこそが大切であり、それがその子の伸びしろです。

「間違えたところがこれから伸びる部分。100点を取るより、これからが楽しみじゃない！」とグッとこらえて、そういう視点でテストを見るようにしてみましょう。

親の「結果よりも過程が大切」という意識的な行動が、子どもの無意識にまで落とし込まれたとき、目先の点数にこだわらない、伸びやかな思考を持つ子に変わっていくのです。

そしてこれは、テストに限ったことではなく、料理やお手伝いなどについても同様のことがいえるでしょう。

正しいやり方、成功だけを褒めるのではなく、その過程をしっかりと見て、深刻な間違いや失敗でなければ、一緒に笑ってすませてしまうくらいのおおらかさや、心のゆとりが大切です。

失敗を恐れることなく、ポジティブに何でも、何度でもやりたくなるような声かけをすることを、ぜひ心がけてみてください。

結果よりも思考の過程を見てあげる

後伸びする子の家庭習慣 2

高学年以降に「折れない心」を養う習慣

言われたことはできるけれど、自分で考えて決めることができない。あるいは、自分がやりたいことにこだわることができない子が増えています。

「どっちでもいいよ」

「親に（先生に）言われたから」

よくいえば人の意見に耳を傾けられる素直ないい子、悪くいえば自分の一度きりの人生を人に委ねることで責任を持たない子。

人に選択を委ねている子は、困難な状況に置かれたときに心が折れてしまう傾向にあります。

「人のせい」「だから仕方ないよね」という方法で、**困難な状況を自分事として捉えなくなってしまう**ことが多いのです。

たとえば、高学年になって勉強が難しくなったとき。解決策はシンプルで、自分がそこを乗り越えなければいけない局面なだけだとしても「先生の教え方が悪い」とか「言われた通りに宿題をやっているから、点数が悪いのはしょうがない」といった自分にベクトルを向けない言い訳をしてしまいます。

もちろん前述した通り、テストで点数を取って、いい大学に行けば、よい大人になれるという切符があるわけではありません。

しかし「三つ子の魂、百まで」の通り、社会人になってからもこういった「人のせい」にする癖はなかなか抜けないものです。

自立した大人になるということを考えても、逃げ癖をつけないようにしておくことは大切です。

☑ "後悔も含めて" 自分で決めさせる

人のせいにして逃げる癖は、「指示されたことは無条件でやらなければいけない」ということを、無意識のうちに習慣化してしまっている子が陥りがちです。そして、そうなってしまう要因は、習慣的に子どもを指示で動かそうとする周囲の環境にあります。

もちろん、指示行動がとれることは、社会生活を円滑に進めるうえでとても重要です。

しかし、**後悔も含めて「自分で決める」という経験を多く積み重ねてきた子は、自分で決めたことに責任を持つようになり、仮に意図しない結果になったときも、前向きに受け入れる心の土壌が培われます。**また、ここは決断しなければという勘どころも外さないようになります。

良質な家庭習慣の事例③

★サッカー少年 小学3年生「K君」

昔の教え子で、当時小学3年生のK君という男の子がいました。塾が始まる直前まで公園でサッカーに熱中し、たくさんの砂とともに教室に入室してくるのが常のやんちゃな子です。

時に、遊んでいる最中に靴を片方飛ばして失くしてしまい、片方の足は靴下だけという格好で授業に来ることもありました。

K君は、熱中すると時間を忘れることがよくありました。

熱中することは決して悪いことではありません。

しかし、あまりに熱中しすぎて、塾の授業が終わるころにその事態に気づき、遅刻や欠席することがあったのです。

そこである日、お母さんに「何とか遊びに夢中になっても、時間になったら花まるに行くということを気づけるようになるといいですね」と電話で話しました。

すると、「わかりました、どうすればいいか考えさせてみます」とのご返答が。そしてしばらくすると、「解決方法が見つかりました」と明るい声で電話をかけてきてくれました。

その解決方法とは、リュックサックを背負い、その中に目覚まし時計を入れておくという方法でした。

K君自身が考えて編み出し、自分でやると決めたようです。

お母さんもそれは面白いからやってみようと、さっそく安い目覚まし時計を一つ渡し、いざ実行。

効果はてきめんで、この方法を取り入れて以降、K君の遅刻・欠席癖はピタッと治まりました。

自身で考え決めたからこそ、責任を持って実践し続けられた好例といえるでしょう。K君自身に解決法を考えさせた、お母さんのファインプレーともいえます。

さて、そのK君。成長とともに、海外への強い憧れを抱くようになり、どうしても異国の同い年の子に会ってみたいという願いから、6年生のころ、オーストラリアの短期ホームステイに飛び込みます。

「行くと言ったら聞かないから」と笑うお母さんの顔が懐かしく思い出されます。そしてこの春、無事、大学を卒業しました。世界を飛び回り仕事をするという未来を見据えつつ、期間を定めず、アルバイトで貯めたお金でまずは世界一周をしてから、その後のことを考えると言っていました。

何ともたくましい青年に成長したものです。

誤解のないように伝えますが、すべての判断を子どもに委ねるわけではありません。

仮に子どもが誤った選択をしたとしても、大事にはならず、「こんなところで躓《つまず》くだろうな」と、大人であれば想定できる範囲内のことならば、大いに寛容であったほうがいいということ。

判断が難しいことであれば、選択の幅を狭めることも必要です。

家庭で実践できる、「母親が決めがちだけれど、本来、子どもに委ねていいこと」でいえば、次のようなことが挙げられます。

ぜひ実践してみてください。


【洋服の選択】

気温や外出のシチュエーションに応じて、洋服を選んであげていませんか？

もちろん、冠婚葬祭など、必要に応じて親が選んであげなければいけないときはありますが、普段の服装は、子どもに選択を任せてあげるとよいでしょう。

暑さ、寒さ、着合わせのセンスなど、親の視点からは突っ込みどころが満載でしょうが、失敗も含めて自分の選択のよし悪しを実感できるよい方法です。

5歳くらいの幼少時から実践できます。


【読みたい本の選択】

いわゆる一般的によいといわれ、内容も折り紙つきの、親にとって読ませたい良書はあります。

しかし、子どもがまったくその本に興味がなく、与えられたものを半ば強制的に読まされるのは、強いストレスを感じるものです。

何でも自由に読ませるわけではなく、選択肢の幅を狭めて(児童書に限るなど)、自分で選ばせるとよいでしょう。読みたい本に出合うまでの高揚感も、本好きになる一つのきっかけとなることが多いものです。また、自分が選んだものは、ずっと大切にするでしょう。

【時間の過ごし方】

「無益な時間を過ごしてほしくない」という親心はよくわかります。できれば、1分、1秒、意味のある時間にしてほしいと願うものです。

しかし、そうした自由な時間についても、大人が「何かをさせる」ことを与えるのではなく、「何もしない」という子どもの判断も含めて見守ってほしいところです。

子どもは本来、退屈であれば退屈をしのごうとして、何かしらの楽しみを見出そうとします。もちろん、その退屈しのぎが、長時間のテレビ鑑賞やテレビゲームだと望ましくないので、「それはダメ」という緩やかなルールだけは設けて、あとは自由にその時間の過ごし方を考える余地を残しておくことが望ましいです。

年齢が上がっていくと、自ずと学習量が増えますし、部活や塾通いなどで、どんどんタイトなスケジュールになってきます。

幼少期という、時間に余裕があるかけがえのない時期を大切にしましょう。

自分で決めさせる。失敗も含めて寛容に見守る

後伸びする子の家庭習慣 3

お手伝いで身につく二つの基礎力

「よい習慣」というと皆さんは何を思い浮かべますか？

勉強や読書はもちろん、お風呂掃除、洗濯ものをたたむ、新聞取りといった「お手伝い」を思い浮かべる人も多いと思います。これらを「悪い習慣」と言う人はいないでしょう。

では、なぜ「お手伝い」がよい習慣といえるのでしょう？

——それは、「試行錯誤」を経験させられるからです。

お手伝いをするなかで、失敗や成功を繰り返し、工夫する力、よりよくしよう

とする力、つまり「検証力」が身についていきます。

たとえば、料理をしているお母さんのお手伝いを習慣的に行う子は、ハンバーグをこねて形にする、サラダのレタスを洗ってちぎる、餃子の餡を皮で包む……といったちょっとしたことでも、お母さんのように上手にできないという壁にぶつかるはずです。

そこで試行錯誤を重ね、どうすれば上手にできるようになるのか、さまざまな工夫と検証を繰り返した末に、思い通りの結果が出る――。

それが、検証力や成功体験、達成感を生み出します。

また、料理においては、実感を通した学びが無数にあることも魅力です。

料理をつくるときは、「完成へのイメージを持ち、そこに至るまでの過程を考え、必要なものを準備し、実行に移す」というサイクルを無意識のうちにやっています。食後にはその料理が結果的にどうだったのか、自然と検証し、次回への工夫を何気なく蓄積していくものです。

これらを通して、知識と経験が合致し、深い理解につながることも、料理を通したお手伝いの副産物といえるでしょう。

さらに料理には、重さを量る、時間を気にする、といった生活の中で体験できる学びの要素も豊富に含まれているのでおすすめです。

もちろん、火や包丁を使うなどリスクがあるものには細心の注意が必要といえます。

しかし、だからといって「やらせない」のではなく、危ないということをきちんと伝えたうえで経験させることが大切です。

料理に限らず最初から上手にできることなど、ほとんどありません。大切なのは同じことを何度も繰り返し、試行錯誤することなのです。

お手伝いで、「あなたがいないと困る」と伝える

また、お手伝いは、「責任感」を養うことにもつながります。

お手伝いには、子どもに「家の中での役割（自分が家族に必要とされていること

と）を認識させられる」というメリットもあるのです。

「あなたがいないと困るのよ」という家の中での役割を認識させることで、子どもの中で責任感が芽生えます。

ちょっと体調が悪くても、自分がやらなければ、家族の誰かが困る。

そういう責任感から生まれる継続力、行動力もまた、伸びる子の重要な要素となり、結果的に社会でたくましく生き抜くことの源泉となるのです。

後伸びする子の家庭習慣 4

「検証力」と「責任感」を養う お手伝いを習慣に

「大人にとっての良い子」ではなく、「自発的にできる子」に

「良い子」というと、どのような子を思い浮かべますか？

保護者との面談で親御さんのお話を伺い、我が子の理想像をメモに起こすと、それはもう立派な人物像が浮かび上がります。

外遊びばかりをして本を読まないお子さんであれば、もっと本を読んでほしいと願い、本ばかり読んでいれば、もっと外で遊んでほしいと願う――。

そのほかにも、

・人の言うことをよく聞く

・言われた通りに行動する
・誰とでも分け隔てなく仲良くする
・元気で快活……

挙げればキリがありません。

しかし、ちょっと考えてみてください。

本書をここまで読み進めていただいた方は、そんな「良い子像」に違和感を覚えられるのではないでしょうか？

人の言うことをよく聞いて、その通りに行動できることはもちろん価値があることです。

しかし、**度を越えた従順すぎる「素直」さは、言われたこと、指示されたことしかできない、いわば「イエスマン」「指示待ち人間」になる可能性も秘めています。**

私も、自分の想いを押し殺して良い子を演じている子を何人も見てきました。

そうした子たちは、思春期を迎えたころ、何かのきっかけで爆発し自暴自棄になる期間を過ごしたり、社会に出てから自分の頭で考え仕事を進めなければいけない局面で困ってしまったりするケースが多く見受けられます。

実は、こうした「大人にとっての良い子」を演じる子の家庭にはある共通する傾向が見受けられます。

もっとも多いケースを挙げると、生命力に満ち溢れた元気なお母さんがいる家庭。大変素晴らしいことなのですが、この元気の矛先がどこに向かうのかが肝です。

例えば、社会の第一線で獅子奮迅の大活躍をしていたお母さんのすべてのエネルギーが、目の前にいる一人の子どもの子育てだけに向かってしまうと、子どもたちが受け入れられる量を大きく上回る栄養を与えてしまいがち。

結果として、お母さん自身が望む生活のペースを子どもに求めてしまったり、我が子が将来困らないようにと願う思いが強すぎて、幼児期にはほとんど必要としない難しいドリルをやらせたり、習い事漬けにしてしまう。そして、子どもの行動の一部始終を見逃さずに監視する——。

これが見守るだけのあたたかい眼差しならばいいのですが、目は口ほどにものを言うもので、お母さんに凝視（監視）されていることに、子どもは気づくものです。

しかし、決してこれは特別なことではなく、最初に生まれた子に対しては、「無意識のうちに」多くのお母さんがこのような状態になっています。

つまり、意識的に気をつけなければいけないのは、**いつでもお母さんが先に先に手を出してしまうことを繰り返すと、子どもはその状況に慣れて、物事を考えることなく、その場を凌ぐために「上手に従う」術だけを覚えてしまう**、ということです。

「ママに怒られないように」とか「ママを怒らせないように」という予防線を張ることが第一になってしまうと「大人にとっての良い子」の完成です。

お父さん、お母さんに褒められたい、喜んでほしい、悲しませたくない。そういった前向きな気持ちが行動の原動力になることはいいことです。

しかし、その思いが非常に強くなってしまったり、何よりも怒られないための手段として自分の気持ちとは裏腹の表面上の「つくられた良い子」を演じる時間が長くなってくると、本当の自分らしさを見失ってしまいます。

言うまでもなく、「つくられた良い子」は、自己主張があまりなく、主体性も低い。「これが好き！」という幼児期特有の素直な欲求も影を潜めた末、成績も高学年になると伸び悩みがちです。

ですから私は、小さいのにあまりにも聞き分けがよい子を見ると、逆に心配になります。

子どもは誰だって、わがままも言うし、いたずらもします。

時に怒られながら、だんだんといいこと、悪いことの基準を知り、聞き分けがよくなるものだからです。

子どもらしさを見守り、主体性を育む

後伸びする子の家庭習慣 5

「感性」とは違和感を感じる力

育児をしていると、目先のできる・できないに一喜一憂してしまいがちです。しかし大切なのは、子どもが将来、経済的にも精神的にも自立した大人になることではないでしょうか。

花まる学習会では「将来自立してメシが食える人」「魅力的な人」を育てることを理念として掲げ、日々教育に取り組んでいます。

では、人の「魅力」とは何でしょうか？

「魅力」の定義については、さまざまな考え方があると思いますが、花まる学習会が定義づけた一つの結論は、年齢を重ねるほどにその人の周りに自然と「人が集まってくること」です。

そこでここでは、「人を惹きつける」に焦点を当て、魅力的な子を育てるための家庭習慣についてご紹介します。

人を惹きつける子の特徴の一つとして、「感性が豊かである」ことが挙げられます。

よく「感性が豊か」といえば、芸術面に力を発揮することを指しますが、私は**「違和感を敏感に察知すること」「見えないものを想像する力があること」**も感性の豊かさに通ずるものだと考えています。

たとえば、布団を干すといつもよりふわふわになり、お日様の匂いがしますね。そういった変化に気づけるかどうかです。

些細な違和感を察知したり、見えないものを想像する力に長けているということは、人の感情の変化にも敏感に反応できるということです。

これは、人を惹きつける大きな要素といえます。

☑感性の磨き方

では、どうすれば感性を育むことができるのでしょうか。

その一つが、自然に触れることです。

どんなに図鑑で魚の名前を記憶していても、魚がぬるぬるしていることは、実際に触ってみないとわかりません。

感性を磨くのは、知識ではなく体験。**自然は、感性を磨く宝の山と言っていいほど、発見や驚きの体験に溢れています。**

春・夏・秋・冬の四季の変化だけでも、木の葉の色や空の様子、虫の音、咲く花、空気の匂い、たくさんの変化があります。

その変化を言葉にして、積極的に子どもに伝えましょう。

「葉っぱの色が黄色くなったね」

「セミが鳴いているよ」

「冬は空がきれいだから、星がたくさん見えるね」

など、何でもかまいません。

子どもが四季折々の変化に気づいたときは、一緒にその感動を味わいましょう。

また、幼少期の子どもは、ちょっと外を散歩するだけで、立ち止まってじーっと何かを観察していることがよくあります。

こういう時間も、感性を育むベストタイムです。

たとえば、葉っぱに止まっていたバッタがいきなりピョーンと飛べば、子どもはびっくりするはずです。

そこで、「怖いね」ではなく、バッタをつかまえて見せてあげたり、触らせたり、驚きのあとにチャレンジする機会を与えてあげると、より効果的です。

芽生えた好奇心をなくさないようにしてあげることが大切なのです。

外で子どもが何かを見つけたとき、「早く行くよ！」と急《せ》かしてしまっては、良質な観察の時間が台無しになってしまいます。

もちろん本当に急いでいるときは仕方がありませんが、こうした時間も大切なのだという意識を少しでも心に留めてもらえればと思います。

☑子どもの「何で?」「どうして?」を大切に

感性を育むためにもう一つ大切なことがあります。

幼児期になると、子どもはさまざまな物事に対し、「なぜだろう」と疑問を持つようになります。いわゆる好奇心です。

会話の中でも「何で?」「どうして?」が増える時期です。

子どもの疑問に対しては正しい答えをすぐに教えるだけではなく、「●●はどう思う?」と問いかける遊び心も感性を育むうえで有効です。

自分で仮説を立ててみると、幼児期ならではの自由な想像力を存分に膨らませることができますし、何よりもその時間が楽しいものです。自分の心で感じて、頭で考える訓練になります。

――ある日、4歳の男の子が私に質問をしました。

「先生、空は何で青いの?」

「何でだろうね。H君は何で青いと思う?」

「神様が絵の具の青が大好きで、空に色を塗ったんだと思う」

これでいいのだと思います。

そこで私が、「空の青はね、太陽の光が大気中の目に見えない水蒸気やチリで……」なんて話をしたら、途端に芽生えた好奇心はなくなってしまうでしょう。

子どもの感じる心を尊重し「それは素敵な考えだね！」と受け止めてあげることも、安心感を与え自由で伸びやかな想像力を育むのです。

☑感性は、幼少期にこそ身につけたい

子どもの感性は、幼児期までにしか育めないものの一つです。

高学年になるほど、経験や言葉などが積み重なり、純粋な感性を養うことが難しくなってきます。また、前述した通り、ゆっくりと物事を見る時間もだんだんとなくなります。

ひと昔前と比べると、小学校や中学校受験をさせる家庭も増え、小さいころか

ら外で遊ぶよりも、机の前で勉強する時間のほうが長い子も多くなってきました。

もちろんそれは悪いことではありませんが、休みの日は積極的に外で遊ばせる、一緒に近所を散歩する。そういった小さな積み重ねが、子どもの感性を豊かにしていきます。

できることから、始めてみてはいかがでしょうか。

後伸びする子の家庭習慣 6

自然に触れる機会をつくる

子どもの人格形成に大きな影響を及ぼす家庭の「◎◎」とは?

人を惹きつける魅力の一つとして、人柄のよさが挙げられるでしょう。

そして「小さいころから子どもに浴びせてきた言葉の質が、その子の人格を決める」といっても過言ではないくらい家庭で使われる「言葉」は重要です。

0〜3歳は、まだ自分では上手にお話できませんが、耳からたくさんの言葉を吸収しています。4〜6歳には、家庭や幼稚園などで覚えた言葉をどんどん使う時期です。

こうした**言葉を覚え、使う時期に、家庭での言葉が暴力的だったり、悲観的だったりすると、子ども自身の性格もそうなってしまいがち。**お父さん、お母さんの言葉遣いには、十分注意したいものです。

また、外で覚えてきた刺激が強く暴力的な言葉を使い始めたら、しっかりと注意し、正しい言葉の重要性を説くことが大切です。

美しい言葉を聞かせよう

幼少期・幼児期は、できるだけ美しい日本語に触れさせたいものです。

家庭でかんたんにできることといえば、絵本の読み聞かせです。

絵本は、文章が短い分、ていねいに選び抜かれたきれいな日本語が並ぶ素晴らしい素材です。子どもに何を感じてほしいのか、作者の想いも込められています。

まずは、皆さんが子どものころに読んだ絵本を読み聞かせてあげるといいでしょう。

何十年も受け継がれてきた絵本は、名作たる理由があるものです。

親が言葉遣いに気をつける

後伸びする子の家庭習慣 7

何よりまず「体力」と「精神力」

「集中力」「論理性」「探求心」……ここまで、さまざまな力を養う家庭での習慣・環境についてお話を進めてきました。

しかし、それら以上にしっかりと養っていただきたいもの、それはお子さんの「体力」と「精神力」です。

どれだけ良質な習慣だとしても、体力がなければ取り組み続けることができないですし、精神力がなければすぐに折れてしまいます。

この二つの力は、さまざまな力の根底にあるものなのです。

まず、「体力」の側面でいえば、スポーツを思い浮かべる人もいるでしょう。

しかし、私が気にしているのはもっと前段階です。

最近の子どもは、以前に比べると適温に身を置くことが多くなったように思います。夏になれば冷房の効いた部屋で過ごし、冬になれば充実した防寒着で学校に通う……。

皆さんが子どものころは、そうだったでしょうか？

私が幼少のときは、誰がいつまで半袖短パンでいられるかを競い合ったものです。

こうした時代の変化によって最近感じられるのが、私が幼稚園で体育指導を始めた20年前と比べても、年々、汗をかける子どもが減ってきているということ。外気に合わせて体温を調節する機能が未発達なため、ちょっと暑い日に外で遊んでも、顔を真っ赤にしながら汗はかかず、体内の熱を放出できていないことがうかがえます。

思春期に身体を鍛え込める土台ができていないことに不安を覚えるのです。いいかえれば、体力の低下、免疫力の低下ともいえるでしょう。

そこで、家庭で意識してほしいのは、暑さ、寒さで体調を崩すことに過度に敏

感にならないことです。

「寒くて、風邪をひくから家で遊びなさい」
「熱中症になるから、日陰で遊びなさい」

我が子が体調を崩して苦しまないように、という愛情ゆえの助言であることは十分理解できますが、あまり過保護になってしまうと、むしろちょっとしたことで体調を崩すことも多くなります。

もちろん、熱中症やケガなどには十分注意を払うべきですが、「熱中症にならないように帽子をかぶって、水もしっかり飲みなさいね」と送りだす、「寒かったでしょう。お風呂に入りなさい」と迎えてあげる。そういった注意や優しさだけのほうが、子どもらしく元気に育つものです。

「子どもは風の子」

暑さ、寒さを過度に心配しない

後伸びする子の家庭習慣 8

朝の習慣で育む「たくましい心」

精神力の側面でいえば、「心に負荷がかかることを遠ざける」という子が最近は増えてきました。

あえて困難を選ばずとも、便利なものがたくさんある時代の流れを考えると、こうなってしまうのも仕方がないかもしれません。

だからといって、嫌なことを遠ざけることを繰り返していては、精神力はどんどん衰退していきます。

心を鍛える習慣の肝。それは朝にあります。

たとえば「早起き」の習慣の重要性は、昔から絶え間なく多くの方が語られています。それはなぜでしょうか？

私が思う一つの真理は、朝起きられないことが、働けないことに直結するということです。

何人もの志のある若者が、たった一つ、朝起きられないことが本当の理由で、職を離れるケースを見てきました。

朝、眠たくても余裕を持って準備できる時間に起きる。とても基本的なことですが、朝は誰しもが眠たいもの。冬に布団から出たくないのは、大人も子どもも同じです。

だからこそ、**早起きを季節に関係なく、年中習慣にすることは強い精神力を養います。**

登校できるギリギリまで寝かしてしまう、休みの日は少し遅く起こす。そういった家庭もあると思いますが、しっかりと定時に起きて、歯を磨いて、朝ご飯を食べて……そういった朝のルーティンを含めて、家庭全体で実践できるようにしましょう。

後伸びする子の家庭習慣 9

精神力を養う「早起き」の習慣

column・2

反抗期には、親としての威厳と迫力を

花まる学習会では、子育て期間を二つの「箱」にたとえています。

一つは4～9歳までの「赤い箱」、もう一つは11～18歳までの「青い箱」です。

「赤い箱」の時期は、いわばおたまじゃくしの時代。落ち着きがなく、叱られてもまた同じことを繰り返します。

「青い箱」の時期は、若いカエル時代。自分で考え行動できるようになり、ある程度責任も持てるようになります。一方で、自分が悪いとわかっていても、親の指摘が鬱陶しくなり、何かと反抗してしまう。口を利かなくなる。友達のほうが大切になる時期です。

この本を読んでいる方のほとんどは、「赤い箱」のお子さんを育てている方が多く、子どもの反抗期はまだ先だと思われていることでしょう。

しかし、反抗期はあっという間に訪れます。

最近では、反抗期が一切ないという「良い子」もいるようですが、まったくないと聞くと逆に心配になります。

ある成人男性は、お母さんにとっての良い子を演じ続けた結果、何も自分で決められない子になり、社会に出てから引きこもりに。その時、お母さんは、息子から「あなたに言われた通りに生きてきたらこうなった」と言われたそうです。

そう考えると、反抗期が訪れるのはむしろ嬉しいことともいえるのです。

■反抗期は「勝負どころ」と考える

とはいっても、親としては大変ですよね。

では、我が子が反抗期を迎えたとき、親はどうすればよいのでしょうか。

一番大切なのは、過度に心配しビクビクしないことです。

反抗期は一時的なものだと考え、この時期は親にあれこれ干渉されるのが鬱陶しいのだと受け入れて、自然体でいることが大切です。

間違っても、子どもに暴言をはかれたとき、「ごめんね」などと謝ってはいけません。

反抗期の親の対処については、私自身の経験が、まさしく好例だといえます。

私も高校に入学したころには、反抗期の絶頂を迎えていました。自分の若々しい夢に酔いしれ、現実を言う両親を疎ましく思っていたものです。

事件は入学早々、1学期の中間テストの後に起こりました。

9教科中7教科が赤点という散々な成績をとった私は、クラスでたった一人だけ三者面談をすることに。

留年の可能性を示唆され、その事実を知った母親の怒りと悲しみは、今思えば相当のものだったでしょう。

帰り道、母親の荒げる声が遠くに聞こえるように感じるなか、私の口をついて出た言葉は傷ついた母の心をさらに追い込むものでした。

出した言葉は取り下げられることもなく、その晩はもちろん口も利かず、自身の部屋にこもりました。

食事もとらずに迎えた次の日の朝。玄関にはいつものように包まれた弁当箱がありました。これだけひどい口の利き方をしたにもかかわらず、いつもと変わらず弁当を用意してくれたことに、言葉にならない感謝の気持ちが溢れます。もちろん、言葉にはしませんが。


さて、空腹も限界に近付いた昼食時。心待ちにしていた弁当箱を開けてみると……そこには真っ白なご飯の上に、桜でんぶできれいにかたどられたハートの形が。

ふつふつと湧き上がる怒りの感情。家に帰り、手を付けなかった弁当箱を怒りにまかせて叩きつけ、空腹で眠れぬ夜を過ごしました。

ほとんど寝付けなかった翌日。再び、新しいナプキンで包まれた弁当箱が玄関にありました。

さすがに反省していることを察し、許してくれたものだと思い、前日から何も食べていない私は、藁《わら》にもすがる思いで弁当箱を手に取り学校へ行きました。

昼までは到底我慢できず、到着後すぐに弁当箱を開けると、そこには昨日と同じ大きなハートと、新しくかたどられた「たつへ」の文字。

この瞬間、私は二つのことを悟りました。

一つは、まったく許してくれていないこと。もう一つは、どんなに生意気なことを言っても養われているという事実です。

悔しい気持ちがなかったといったら嘘になりますが、完全に胃袋を押さえられて屈服しました。家に帰って両親に謝り、完全に反抗期が終わったわけではないものの、そこからは収束に向かっていきました。

これは後日談ですが、実は「ここが勝負どころ」と考えた両親は事前に話し合っていたそうです。比較的、寛容だった父も、「理解はするが、お灸は据えよう」と考えたようで、その方法がこれでした。

どれだけ腕力や知力が親を超えようが、親元にいるうちは生かされている立場である——。そのことを身を持って知らされた出来事でした。

■外の師匠が大切

青い箱の子どもにとって、どうしたって親は疎ましいものです。

そのため、**子どもの話を聞き、よきアドバイスをくれる人を、外につくっておくことも大切です。**

親戚のおじさん・おばさん、習い事の先生、年齢の離れた先輩……など誰でも構いません。

私も、花まる学習会の教え子たちやその保護者の方々からの相談には、卒業後でも応えるようにしています。

先日も、「突然高校に行かなくなり自宅に引きこもってしまった」という知らせをお母さんから受け、急遽、以前の教え子に会いに行きました。

家庭ではなかなか言えないことも、外の大人には素直に話してくれるものです。そこで自分の気持ちを話し、根っこにある心のしこりに冷静に気づき向き合うと、前に進むケースが多いように感じます。

その子は、ひとしきり私に心の内をさらけ出したあと、翌日から学校に行き始めました。

自分の弱さを親に指摘されるのではなく、自分で受け止められたときに、物事は解決するのでしょう。外の師匠はその媒介なのです。

そしてこのケースでのファインプレーは、お母さんでしょう。

ともすれば、ちょっと恥ずかしく言いにくい話だったかもしれません。しかし、引きこもりが長期化する前に伝えてくれたことで、早い段階で手を打つことができました。彼はお母さんがそう動いたことを知りません。

この本を読んだときに、あの日私が電話をかけた理由に気づくと思います。

Part 2

社会でも通用する「考え方」を養う

すべてに通じる「国語力」を養う家庭習慣

ここからは、「思考力」、つまり考える力に絞って話を進めていきます。

思考力の中でまず大切なのは「国語力」です。

後伸びするための基礎となる力であり、花まる学習会でも、とくに大切にしている力の一つです。

他者とコミュニケーションをとるということは、そこに言葉を介した複雑な思考が伴っているもの。文章を読むにしても、日常の対話にしても、表面的な言葉から受け取れる意味だけではなく、複合的な要因から、相手（登場人物）が何を伝えたいのか、見えない部分までを推測する力が求められます。

国語力とは、そうした相手が伝えたいことは何かを要約したり、自分が伝えたいことをわかりやすく伝えたり、破綻のない論理的な思考ができたりする力です。

たとえばテストでいえば、どの教科でも問題文には出題者の意図があるものです。問題を読み解き、なぜ出題者はこの問題を聞いているのか、というところまで思いが馳せられるようになると、相当な国語力を身につけているといえるでしょう。

語彙が豊富にあり、考えていることに的確な言葉を当てはめていくことも国語力であり、思考のスピードを高める要因になります。

しかし、国語力ほど、力をつけるのに時間がかかり、また力がついていることを実感しにくいものはありません。

実際に力がつき始めるのは、他者に関心を持ち、自身の思考を多角的に分析し、疑うことができるようになるころ。かんたんにいえば、復習する（時間軸を戻せる）ことができるようになる、思春期ごろからです。

ただし、この伸びる時期を迎えるまでの過程も、国語力向上のためには大切です。

幼少期において、**国語力を向上させる家庭習慣の基本は、「会話の正しい受け答え（キャッチボール）」です。**

普段の何気ない会話にこそ気を使ってほしいと思います。

そう言うと、「何だ、そんなことできているよ」と言われるかもしれませんが、意外とできていない家庭も、事実見られます。

たとえば、ファミリーレストラン内の親子の会話の一例を紹介します。お父さんとお母さん、5歳くらいの男の子の会話です。

~注文前~

母「おなか空いたね。何食べる？」

子「お母さん、のど乾いた。ジュース飲みたい」

父「（無言でメニューを見続ける）」

母「ドリンクバーね。自分で取ってこられる？」

子「あと、お子様ランチ」

父「ハンバーグ」

母「私はスパゲッティにしよう。すみませーん。注文お願いします」

〜食事中〜

母「ねぇ、ひと口ハンバーグちょうだい」

父「俺もスパゲッティ食べたい」

何の問題もなく注文されましたし、何の問題もなく交換が成立しているように思えます。

しかし、会話としてはまったく成立していません。それぞれが好きなようにボールを投げているような状態です。

国語力が身につく会話のコツとは？

この会話のポイントは、「受けていない」ということです。

もちろん、相手の意図をある程度理解しているから、「受け」を省略しても対話は成立するわけですが、このやり取りが当たり前のように固定化されてしまうと「何となくの理解」でも何も問題は起こらない、と無意識のうちにそう考える習慣が蓄積されてしまうのです。

そしてこの「何となくの理解」がくせもので、結果的に身につけられる国語力に大きな差として現れてきます。

わかったような気がしたところで安心し、それ以上の理解に至らないのです。

さて、「受け」を大切にしてほしいのですが、これは投げ手側が、ある程度、受け手側の答えを待たなければいけません。

幼少期のお子さんを持つ親御さんはここを少し意識するだけで、変わってくると思います。

今まさに、この原稿を書いている最中、隣の席で3歳くらいのお子さんにお母さんがおやつを与えています。とても良質な言葉で声をかけ、愛に満ちた優しい口調で、時折、一緒に笑いながら素敵な時間を過ごしています。

しかし、ちょっと声かけが矢継ぎ早です。

「おいしい？」
「よく噛んでごっくんしてね！」
「まだ食べる？」
「これかわいいね！」
「おいしい？」

「おいしい？」という最初の問いかけに反応し、子どもが頷いたり、返事をするなどの意思表示をする前に、残り三つの言葉をかけてしまい、再び「おいしい？」に戻る。

これを数回続けていました。幼い娘さんは、明らかに途中から返答を諦めたように、おやつを口に運んでいました。

こうした**一方的な送球をしないことを意識し、問いかけへの返球（受け）を待つ姿勢が大切です。**

また、もう一つ。子ども側からの発信に対しても考えておきたいところ。

次の項目でより詳しく説明しますが、子どもが発する話は、大人からすると要領を得ないものも多くあると思います。

そのとき、あからさまによくわからないという表情や、いらだちを見せると、子どもは話すことに強い抵抗感を覚えるようになります。

子どもの言いたいことを受け止めてまとめてあげたり、より深く理解しようと質問をすることで、「もっと話したい」という気持ちを育めるといいですね。

受け手が聞き上手になることで、話し手も話し上手になります。

投げたあとは、受け手からの返答を待つ

後伸びする子の家庭習慣 10

アウトプットの習慣で「論理性」を身につける

「ねえねえお母さん、聞いて聞いて！　今日運動会の練習でかけっこをしました。私は何等だったでしょうか？」

子どもは幼稚園や学校から帰ってくると、日々あったことを一生懸命伝えようとしてきます。

そして、伝えたいことをクイズ形式で問いかけてくることもあるのではないでしょうか。

なぜ、このようにするのでしょう？

それは根幹の部分で、「誰かを喜ばせたい」という欲求があるからです。そして、一番喜ばせたい相手はお母さんなのです。

大抵の場合、子どもの表情や態度で答えはわかってしまうもの。そしてそのほとんどが、よい結果であることが多いですね。

では、こういう場面に出くわしたとき、皆さんはどのように答えていますか？「1位でしょ？」とすぐに答えを出してしまっていませんか？

できれば、子どもの喜ばせたい気持ちに乗ってあげましょう。

あえてミスリードで間違えてみるのも、子どものドキドキを喚起します。ちょうど、かくれんぼで息を潜めて見つからないようにするギリギリの状態に似ています。

「わからないな〜。ちょっとだけヒントを教えて？」と質問してみてください。子どもたちは、答えがわからないように、でもヒントを出すために……と頭をフル回転させます。

このとき、とくに養われるのは、物事を順序立てて伝える「論理性」です。

「1位だった」という結果だけでなく、そこに至る過程を再考しアウトプットするなかで、論理的な思考力が養われるのです。

☑子どもとの会話を大切にする

子どもがクイズ形式で今日の嬉しかった出来事を伝えようとしてきたときは、仕事や家事などで忙しくても、できることならば手を止めて聞いてあげてほしいと思います。

「忙しいから、あとにして」
「それより宿題やったの？」

最初から聞く気のない態度や返答をしてしまうと、子どもも話す気力を失い、頭をフル回転させて説明する機会も奪ってしまうことになります。
最近一番気になっているのが、携帯電話を含むタブレット端末に目を向けながら、子どもの話を受け流しているお父さん、お母さんが増えてきたことです。

親子間とはいえ、同じことを子どもにやられたら、いい気持ちはしないでしょう。会話のマナーという側面においても、大人がしっかりと規範を示してあげたいものです。

もちろん事情によっては、急ぎで返信すべきこともあると思いますが、子どもといるときのタブレット端末との付き合い方について、ぜひ一度考えていただきたいと思います。

過程も含めて
アウトプットさせる

後伸びする子の
家庭習慣
11

「思考の整理」がうまくなる、お片付けの習慣

皆さんのお子さんは、一人で片付けができますか？

実は、「うちの子、全然片付けられないんです」という悩みは、保護者の方々から多い相談の一つです。

そもそも片付けを習慣にしたほうがよいかどうかですが、これは「したほうがよい」といえます。

片付けが上手な子には、空間認識力に長けている子が多いようです。

限られた空間の中に、ものをきれいに詰めていく。まるで三次元のパズルを楽しむかのように、迷いなく手が動き続けます。

また、無意識のうちに片付けの段取りを頭の中で組み立てているのでしょう。大から小へ。規則性のあるものから不規則なものへ……。

こうした要素が思考力を高めるのでしょう。片付けの習慣ができている子は、思考の整理もスマートですし、話をしても、文章を書かせてもシンプルでいて流麗なものです。

授業の様子を見ていても、高学年になってからの学力の伸び方と片付けの力は密接にかかわっているように思えます。

たとえば、素早く準備ができる子は、準備そのものの行動スピードが速いのではなく、次の行動をイメージしています。準備の質がよいともいえるでしょう。**そのあとの使いやすさまでをイメージしているのです。**

身近なところでいえば、よく使う筆記用具は引き出しの一番手前に入れてある、というように効率的な配置で片付けるようにしています。

「筆記用具は毎日使う」「これは年に1回しか使わない」といった頭の中にある情報を片付けで目に見える形にすることで、効率を考えて思考を整理する力が養われているのでしょう。

一方で、見た目にきれいな片付けをできる子もいますが、引き出しの中に詰め込んでいるだけのケースも少なくありません。

結果、次に何かものを使うときに、やはり雑然としてしまう。

とりあえずどこかにしまったものの、どこにしまったのかが思い出せない。

いろいろな引き出しに手を出し、立ち止まり、下手をすれば何を探していたのか忘れるようなことも。

これでは、いくら片付けをしても思考力には結びつきません。

☑片付けを、自発的に実践させる方法

片付けは、よほどそれが好きというある種の特技を持っている子を除いて、一朝一夕で身につくものではありません。

もともと幼児期の子どもたちは時間軸を戻すことを得意としません。

たとえば、間違えた1問をやり直すより、新しいページに進んで10問をやりた

い。そういうものです。細胞のすべてが前に進むことを望み、後ろを振り返ることに強いストレスを感じるようになっているのでしょう。

だから、時間軸を戻す行為となる片付けが苦手な子が多いのです。

しかし、片付けが一つの新しい遊びだと思うと、すかさず思考を切り替えるのも幼児期の子たちの特徴です。

声かけを、「片付けなさい」から「次に使うときにどうしまっておいたら使いやすいかな？」と変えるだけで、その反応は違ってきます。

未来をイメージさせることで、ストレスなく片付けに向かわせ、思考のゲームとしても受け取りやすくさせます。

自発的に実践してもらうためにもう一つ有効な方法は、やはりまず一緒に片付けを行うことです。整理するポイントを一緒に考えながら行うとよいでしょう。

未就学児のお子さんであれば、片付ける場所はお母さんが主導しましょう。引き出しに片付けるもののイラストを描いて貼っておくなど、遊び感覚でしまえるように工夫すると、幼いころから片付けを習慣化することができます。

目的を持たせた片付けの意識づけを

後伸びする子の家庭習慣 12

「無駄な時間」こそ、良質な思考タイム

4歳の男の子R君が、花まる学習会の授業に初めて参加したときのことです。口数は少なく、寡黙な印象の子でしたが、目の輝きは力強く好奇心に溢れている様子がうかがえました。

その日の授業では、1枚の長方形の紙を折り、正四面体をつくるという遊びにチャレンジしました。

ペラペラの紙が、折っていくうちに立体になる一連の流れに、好奇心旺盛な子どもたちの目は一斉に輝き始めました。

そして、いざ実践。正四面体の形に折ることは、みんな何とかできるのですが、

その後、紙の端と端を重ね合わせるのが、子どもたちにとっては難しい作業になるところです。

子どもたちの手を取り、最後の重ね合わせをして、一緒に完成を喜び、再び次の大きさの紙を渡し、もう一つつくるということを繰り返していました。

さて、授業が終わり、今後のことについて、R君のお母さんと話をしました。その間、R君はでき上がった正四面体を、ずっといろいろな角度から見つめています。

そして私とお母さんの話が終わり、お母さんが「さぁ帰ろう！」とR君を促そうとしたので、私は咄嗟に止め、もうしばらく様子を見守りましょうと伝えました。

すると、数分、見つめた後、そっと正四面体を手に取り、つなぎ目になっている部分をゆっくりと広げ、立体から平面になった紙を再び見つめるR君。

その観察が終わると、今度は元の正四面体の形にしようとして、紙の端を重ね合わせることを試みます。

しかし、なかなかうまくいかない。

私はひと言も発さず、R君の集中力を削がぬように近づき、一度だけゆっくり重ね方を見せました。

その様子を凝視し、目と脳に焼き付けて再びR君がチャレンジ。お母さんも息を飲んでその様子を見守っています。

そして、小さな手をいっぱいに使い、見事に成功。

それで終わるかと思いきや、再び重ねている端をゆっくり広げて平面にし、そしてまた正四面体に。

二度、三度繰り返したあと、R君らしい静かな、でも、満面の笑顔でお母さんの元に駆け出していきました。

わずか10分程度の時間でしたが、ここに「好奇心→観察→夢中になる→飽きる」というサイクルが凝縮されています。

大人からすれば「無駄」と思える時間も、子どもにとってはとても大切な考える時間なのです。

ではここで、次のケースを見てみましょう。

・せっかく新しい遊具を買って公園に行ったのに、子どもはそれに見向きもせずジーっと地面を見つめているので、「ほら、こっちで遊ぼう」と声をかけたことがある

・一緒に買い物に行こうとすると、どうでもいいようなところに興味を持って道草ばかり。いつも買い物が遅くなるから、「ほら、早く行くよ！」と声をかけている

こういったケースに、頷き、共感できる方も多いのではないでしょうか。

しかし、地面を見ている子どものケースでいえば、ちょっとした不思議、疑問、気づき……そういったものがあるからこそ、ジッと観察しているのです。

「これ何だろう？」という好奇心の芽生え、つまり学びの扉が開く瞬間といえます。

大人の目から見ると「いったい何をしているのだろう？」と疑問に思う時間か

もしれません。けれども、そこには、子どもの目線でとても大切な好奇心や観察眼を育む要素が詰まっているのです。

「大人がイメージする意味のある時間」＝「子どもがやりたいこと」ではないということを心に留めておくだけで、その時間を優しい眼差しで見てあげられると思います。

日々、忙しいなかで、存分に待ってあげることは難しいことかもしれません。それでも「今日はいいか！」と割り切り、時には私たち自身も童心に戻って観察することが、後伸びする子どもを育てる重要な習慣・心がけなのかもしれません。

無駄に思える時間を大切に

後伸びする子の家庭習慣 13

無から生み出す経験で、「発想力」を養う

ここまで何度も挙げている「外遊び」の習慣。

その大きな効果の一つとして「何もないところから楽しみを生み出す」経験を豊富にできることが挙げられます。

本来子どもは退屈を嫌い、1分、1秒を惜しんで夢中になれる楽しさを求めるものです。

その本質は今も昔も変わりませんが、残念なことに現代の子どもたちは「あるものを楽しむ」ことが習慣化されすぎている感があります。

もちろん、刺激が少ない良質なゲームもたくさんありますが、やはり創造性や

発想力を育むべく「何もないけど、その環境を使う」遊びに時間を割いてほしいものです。

「何をして遊べばいいの？」「何をして遊んでくれるの？」外遊びのときに、こうした子どもからの質問を受けたときは、主に二つの方法が有効です。

ある程度、子どもの人数がいる状況であれば、「何をして遊んでもいいよ」とあえて伝えます。

「何をしてもいい」という自由さは、子どもたちにとっては意外に不自由なもの。何をすればいいのか思いを巡らすものの、意外と動けないものです。

ただ、集団の中には率先して、環境を生かした遊びをつくり出す子が必ずいます。その様子に惹きつけられて、自然と体が動き出すのを待つということが一つ考えられます。

そして、人数にかかわらず、あなた自身がその環境で遊び、心の底から楽しむ姿を見せることも有効な方法の一つです。

いずれの場合でも大切なのは、**「見せる（魅せる）」**ことです。

遊びでも学びでも、子どもたちの行動の源泉にあるのは、それが楽しいことかどうか。

魅せることで、子どもの主体性を伸ばすことができます。

なお、「何をしてもいい」とした場合、子どもたちだけでは、時にうまくいかなくなることもあります。

しかし、子どもたちの考え方は柔軟で、たとえば勝負が一方的な展開になってくると、自然とどうやったらもっと楽しく遊べるのかを考えて、チームやルールを変えたりするものです。

こういった遊びからでも良質なコミュニケーション力が育まれ、子ども同士の相談で問題を解決する力も身についていきます。

思い通りにいかずいらだっても、しばらくすると、上手に落としどころを見つけて、また遊び始めます。自浄能力は大人よりも子どもたちのほうが高いものです。

どんな環境でも楽しみをつくり出せる

後伸びする子の家庭習慣 14

水筒の水は、まだ半分？　もう半分？

4、5歳児でも、起こった事象を捉える考え方に個人的な違いが出てきます。たとえば、野外体験の現場で年長さんの会話を聞いていると、残り半分ほどの水筒の中身を指して、ある男の子A君は、「もう半分しかない」と言葉をこぼしています。

一方でB君は、「まだ半分も入っている！」と水筒を振りながら喜んでいます。その後の様子を観察していると、A君は水がなくなることへの不安が益々大きくなってきているようで「飲んだらなくなっちゃう」と繰り返し口にしています。B君は自分のペースで喉が渇いたら飲んでいるようです。残りわずかになっても

「まだ入っている！」と嬉しそう。水筒が空になったらなったで「また、たくさん入れられる～」とやっぱり喜んでいます。

このケースを見る限り、B君は明るい未来を信じて疑わない典型でしょう。

成長の過程で、もちろん思い通りにならないことも学ぶと思いますが、それでも根っこの部分は大きく変わらない。仮に苦しい局面があったとしても、わざわざ悪いほうに考えて、想像上で問題を巨大化させるようなことはしません。解決の糸口を探り、冷静に好機を見極めるはずです。

安易に困難な状況と思わない、強い精神力といえます。

一方で、仮にお子さんがA君のような考え方だったとしても、それは決して悪いことではありません。

安全志向で、リスクをしっかり考えて慎重に進める気質だともいえるからです。

私自身、幼少のころはまさにそういった性格でした。

しかし、あまりにも不安な先行きを想像する傾向が強まると、どうしてもチャレンジ精神は乏しくなり、未来に起こることが、何でも悲観的に思える悪いスパイラルに陥る可能性があります。

ポジティブ思考を身につける家庭習慣

できることならば、逆境でこそ生きる強靭な精神力を備えたいものです。

もちろん、生まれ持った性格もあるでしょうが、習慣や出会いによって、その思考は変えられるといえます。

とくに影響が大きいのは、一番身近なお父さんやお母さんが物事をどう捉え、どんな言動をしているかです。

日常の些細な出来事に幸せを感じたり、失敗しても「何とかなる」と笑い飛ばしたり……わかりやすいたとえでいうと、子どもが転んでズボンを泥だらけにしたとき、「あーあー、ズボン汚しちゃって。どうするの？」と責めるか、「大丈夫、洗えばオッケー！」と言うか。

ファミリーレストランで注文後に料理が出てくるまでの時間を「まだ来ない」といらだつのか、「待ってお腹を空かせた分、おいしく食べられるね」と明るい未来を期待するのか。

そういった日常の些細な場面で、親の価値観がプラス方向に振れると、子どもも逆境に負けない力を少しずつ身につけていくことでしょう。

明るい未来を想像する

後伸びする子の家庭習慣 15

失敗を「自身で省みる習慣」を

何事も「転ばぬ先の杖」で、我が子が困らないように必要なものの準備や助言をしてしまう親御さんをよく見ます。

日常的なところでいえば、学校や習い事の準備、宿題など。

忘れ物をしないよう、必要なものを聞き出して準備してあげる方や子どもの連絡帳を広げて忘れ物がないかを確認されている方も多いのではないでしょうか。

しかし大切なのは、忘れ物をさせないようにすることではなく、**忘れ物をしたあと、あるいは準備不足で困ったときに、そうならないように「どうするべきか」を考えるきっかけを与えることです。**

失敗は、さまざまな思考を巡らせられるチャンス。自分で考える力や、臨機応変に対応し解決する力を伸ばしてくれます。

しかし、自ら準備をしないと、「失敗」が「ただの失敗」で終わってしまいます。〝よい失敗〟の経験を豊富に積ませるためにも、学校や習い事などの準備は子ども自身に行わせるようにしましょう。

私が見てきた子でも、自身で準備をすることが習慣化されている家庭の子は、やはりそのように伸びる力を持っていると感じることが多いです。

たとえば、宿泊を伴う野外活動での子どもたちの様子を見ていると、自分の荷物を自分で（あるいは保護者に見守られるなかで）準備している子たちは、自分が何を準備し、何を持ってきているのかを記憶の片隅に置いていて、その場面で必要なものと不必要なものの選別を、自分で判断できます。

自分で、それがなぜ必要かを事前に考えているので、正確に判断する力を持っているのです。

反対に、すべて準備してもらったものを持ってきている子は、使用用途を知らなかったり、何がどこに入っているのかもわからず現地で混乱している様子が見られます。自分の持ち物を把握していないため、探し物も多いですね。「あれがない、これがない」と訴えても、大抵の場合、探してみるとリュックサックのどこかに入っているものです。

☑宿題をやっていなくても、そのまま送り出す

宿題をはじめとする、約束したものを期日までに出す大切さについても触れておきます。

ときに子どもたちは、「宿題をやるのを忘れました」と訴えてくることがあります。

よほど、突然出た宿題ならば本当に忘れることもあるかもしれませんが、毎日出ている宿題を「忘れる」ことはありません。

これは、厳しいことをいえばサボっているだけです。

ある程度声をかけて、それでもやらないのであれば、学校なり塾なりで、厳しく叱られたほうが本人のためになります。

古今東西、子どもたちにとって宿題はそんなに面白いものではありません。

しかし、社会に出たときに約束の期限までに提出すべきものを怠れば、その先に厳しい結果が待っているのは当然です。

そういうものだということを、早い段階で理解してもらうためにも、やっていないのであれば叱られるのは当然と、泣こうが喚こうが送り出してください。

自分の準備は自分でやる

後伸びする子の家庭習慣 16

column・3

「リビング学習」の子が伸びる理由

自分の部屋ではなく、リビングに机を置いて勉強する「リビング学習」が、学力の向上に効果的だといわれています。東京大学に入学した子の半数はリビングやダイニングで学習をしていた、といったアンケート結果も出ています。

私の生徒で難関私立高校に進学したY君も、受験直前の追い込みまでは、自宅ではリビングで学習することが習慣でした。

Y君の家庭は、ピアノの練習場所も遊びのスペースも、勉強場所もすべてリビング。Y君は男3人兄弟でしたが、Y君がピアノを弾いていたら、弟が遊び、その下の弟が勉強、という具合です。時には弟に勉強を教えるなど、協力し合う姿も見られたといいます。

一見すると、集中して勉強できない環境に思えますが、小さいころからそういった環境で勉強していたおかげで、周りの生活音を苦にしないほどの集中力を身につけていたのでしょう。

リビング学習が効果的な一つの要因は、この「適度な刺激」にあります。

生活音、夕飯の準備中の匂い、親御さんの存在感。

よく「うるさくて勉強ができない」という子がいますが、では静かな場所であれば集中して勉強ができるのかというと、意外とそうでもありません。静かすぎる環境だと余計なことを考えたり、自ら刺激を与えようと意味もなく片付けを始めたり、読みかけの本を手にしたり、階段を上ってくるお母さんの足音を気にしたりするものです。

つまり、刺激を生み出そうとすることに頭を働かせて集中力を欠く、という悪循環です。テスト中に周囲の鉛筆の音が気になるというのも、音という刺激に対して耐性がなく敏感すぎるがゆえでしょう。

また、平日に勉強をする時間帯は、学校から帰ってきた夕方から夕食にかけてがもっとも多いでしょう。

時間が経てば、家族が集まるのがリビング。そのため、限られた時間の中で集中してやるべきことをやる習慣が育まれるのです。

さらに低学年のうちは、わからない問題をすぐに親に聞くことができる点もよいといえます。教えてもらうことで理解力を高め、自信につなげていくサイクルができれば理想的です。

気をつけたいのは「こんなこともわからないの？」という感情的な言葉。これはリビング学習云々以前に、学習に対するやる気が損なわれるので注意しましょう。

ちなみに、子どもがわからないと訴えるケースは二つです。

一つは十分に考えているが、やり方を知らないとき。これは、寄り添って教えてあげてもいいケースです。

もう一つは、考えずに「ただ答えを教えてほしい」という意図が見えるケース。できる問題なのに、早く終わらせたいあまり、そう訴える子も少なくありません。

この時も感情的になったり、理詰めでできることをわからせるのではなく「○○ならできる！　信じてる！　頑張れ！」と爽やかに応援してあげてください。

Part 3

子どもの成長を促す子育てのポイント

長子の育て方のポイント①
「長子の苦労を知る」

ここからは、子育てのポイントをお伝えしていきます。

まずお伝えしたいのは、弟、妹がいる長子の育て方についてです。

私の経験を振り返っても、長子は伸び悩む傾向にあります。


では、なぜそのようになるのでしょうか。

弟や妹が生まれるまで、長子は基本的に愛情を独り占めします。両親、祖父母、地域の方から、たくさんの愛情を受け育ちます。

愛情は貯金のようなもので、待望の弟や妹が生まれれば、上の子は、惜しみなく受けてきた愛情を分け与えます。

しばらくすると、上の子の貯めてきた「愛情貯金」は減り始め「ちょっと僕（私）にもちょうだい」という表現を始めます。

それが、赤ちゃん返りと呼ばれる指しゃぶりであったり、夜泣きであったり、下の子へのちょっとした意地悪に表れてきます。

一方で、生まれたばかりの赤ちゃんに目も手も離せない状況では、どうしてもお母さんからは、「お兄ちゃんでしょ」「ちょっと待っててね」という言葉が増えます。

これは仕方がないことで、お兄ちゃん、お姉ちゃんに我慢をしてもらわざるを得ない場面はあるものです。

すると長子は、幼心にお母さんの大変さを理解し、我慢することを覚えます。

この「我慢」が伸び悩む原因となることがあります。

一般的に長子は我慢強い子が多いものですが、「甘え下手」です。

誰かに頼ることや自己主張を控えながら成長をしていきます。

本当に困ったときに、問題を自分一人で抱え込む傾向も強くあります。

成人の引きこもりで、長男が圧倒的に多いのも、我慢と責任を抱えすぎた結果であることが多いでしょう。

長子を伸ばすポイントは、そんな彼らの苦労を理解し、心から「ありがとう」と伝えることです。

自分に向けられた感謝の言葉を伝えられたときに、上の子は自信を育みます。

普段、幼いながらもお兄ちゃん、お姉ちゃんとして振る舞っていることを認めてあげましょう。お母さんやお父さんが、一対一で、

「あなたがいてくれるから家族が皆楽しい気持ちでいられる。優しいお兄ちゃん（お姉ちゃん）でいてくれてありがとう」

というひと言をかけることが大切です。

自分のことをわかってくれている――。

それだけで、十分なのです。

長子の苦労を理解し、ねぎらう

後伸びする子の家庭習慣 17

長子の育て方のポイント②
「長子の特徴をつかむ」

長子には、長子だからこその特徴があるものです。

家族でデパートに買い物に来ている様子ひとつを見ても、「上の子らしいな」と思える場面があります。

「好きな洋服を1着ずつ買ってあげるよ」と親御さんが伝えると、すぐに売り場に飛び込み、あわよくば2着、3着買ってもらおうとするのは、だいたい下の子。

上の子はというと「俺はたくさん持っているからいいよ。買ってあげなよ」なんて言ったりしています。ところが、いざ家に帰って嬉しそうに洋服を着合わせている下の子を見てポツリとひと言。

「買っておけば、よかったな……」

だいたいそのひと言はお母さんの耳に入り、「だったら、何でそのときに言わないの！」と、我慢しているのに怒られる。ふてくされると、当然さらなる追撃がやってきます。

また、お母さんが一番手を離せず、忙しいときに限って無頓着に話しかけることもあります。

一方の下の子は、そうした間の悪い長子が邪険にされている様子を見て学び、タイミングを見計らってそんなときには話しかけようとはしません。

すると当然、上の子は「何で○○ばかり……」と不満を募《つの》らせます。

親元を離れるような宿泊系のイベントでも苦労しているケースがうかがえます。

泣いて行きたくないことを表現しているのは、大抵の場合、下の子です。

しかし下の子は、楽しいことが始まると切り替えられる子が多い。

一方で上の子は、泣くのを我慢し続けます。

夜、寂しくなって涙が出ても布団をかぶって隠し、眠れない夜を過ごす。結果、楽しめず、次は行きたくないと訴えるのです。

☑長子の強みを理解しよう

長子には長子らしい性格があります。
一概にはいえないところもありますが、おおよそ次のような特徴を持つ子が多いです。

・優柔不断
・間が悪い
・初物（場所や人）に弱い
・神経質
・先の見通しが立つものには抵抗が小さい
・慎重で穏やかな性格
・根は優しい

・家族想い

これを知るだけでも、長子に向ける眼差しは変わってきます。

たとえば、「初物（場所や人）に弱い」ことも親御さんを悩ませることの一つでしょう。

表面的に見れば、「何でうちの子は……」と思うかもしれません。

しかし反対にいえば、次の予測が立つものへの抵抗が小さいともいえます。

心が張り裂けそうなほどつらい環境での体験も、経験を積み予測ができるようになると、何てことはありません。

そうなると、元来の面倒見のよさから、下の子に頼られるようになります。自分と同じことでつらい思いをしている子に、本当に優しく接してくれる様子を何度も見てきました。

一見するとウィークポイントに思える特徴も、それが特徴だと知れば、強みとして捉えられるものです。

それを理解して接すれば、長子はどんどん伸びていきます。

長子の特徴を理解し、伸ばす

後伸びする子の家庭習慣 18

一人っ子の育て方のポイント

さて、長子のことについて書いてきましたが、一人っ子についても触れておきましょう。

兄弟姉妹間の愛情争奪戦にはならないことで、拗ねや嫉妬に陥る構図ができにくく、たっぷりの愛情で育つ一人っ子。人と争う場面がそもそも少なく、クレバーな立ち回りをする必要もないので、おおらかで、のんびりした傾向の子が多く見られます。

一人っ子の特徴が顕著に見られて面白かったのは、サマースクールでの食事中のことです。

両隣を「弟組」に挟まれた、小学4年生の一人っ子の男の子の様子です。

彼が、右の子との話に夢中になっていると、左の子がおかずの唐揚げに手を伸ばし、目を盗んで食べてしまいました。そして次に、左の子との話に夢中になると、今度は右の子がもう一つの唐揚げを取って、すかさず頬張ります。

しかし、本人は盗られたことをまったく気にすることなく、食事を終えてしまったのです。

あまりにも不憫だと思った私は、残しておいた唐揚げを食べるように勧めました。

すると、「あれ～！　唐揚げなんてあった？」という驚きの回答が。微笑ましいおおらかさですが、ちょっと心配になります。隙があったら物を取られる、という経験をほとんどしてこなかったのでしょう。

疑うことを考えもつかない純粋さや素直さは、いい方に向いていけば、初めての体験に人一倍深く感動する経験を豊富に積めるといえますし、感動の沸点が低いことも、人生を彩り精神的な部分で豊かになれるものだと思います。これは、一人っ子の気質的な特権です。

反面、兄弟がおらず揉まれ慣れていないことや、親の愛情がそそがれるので一人で途方に暮れて困るような場面が生まれにくいことによって、**社会のシビアな部分への耐性が弱い**傾向があります。

兄弟組にとっては、挨拶程度の体のぶつけ合いや言葉のやり取りでも、一人っ子は「何でそんなひどいことをするの（言うの）だろう」と、傷ついてしまうことがあります。

しかし多少傷つくことも含めて、疑似兄弟体験を豊富に積める合宿系のイベントにどんどん参加させ、耐性を備えたいものです。

養分の与えすぎに要注意

また、「自立」というテーマにおいては、やや注意しなければいけません。

一人っ子は、自立するのに時間を要す傾向があります。その理由として、お母さんの「子育てエネルギー」が分散することなく、大切な一人の子に浴びせ続けられることが挙げられます。

当然栄養が過ぎれば、根腐れを起こして、自立からはかけ離れていきます。「誰かが何とかしてくれる」と無意識に信じすぎていて、自分で考えないことが習慣になり、**「何の根拠もないけれど、何とかなるでしょう」という楽観的すぎる自立できない子に育つおそれがあるのです。**

一人っ子の子育てでは、「相当、意図的に距離を置いても、まだまだ近い」という意識で、ちょうどいいくらいです。

両家の祖父母からのプレゼント攻勢も、一人っ子の親御さんの頭を悩ませるケースとして多いようです。

次から次へと新しいおもちゃを買い与えてしまい、我慢がまったく育たないという問題。孫の喜ぶ顔が見たい祖父母の気持ちはわかりますが、不要な買い与えは、事前に十分に話をしておき、未然に防ぎたいところです。

一人っ子は、距離を置いても、まだ近いと意識する

後伸びする子の家庭習慣 19

「言葉が人格をつくる」気をつけたい普段の言葉遣い

「言葉が人格をつくる」尊敬する師匠から学んだ言葉です。

私も、教育の現場での経験を重ねるごとに、つくづくその通りだと実感しています。

言葉が持つ力は侮れません。人を傷つけるような暴力的な言葉を日常的に使い続けていれば、そういう人格にもなっていきますし、諦めの言葉を使い続ければ、やはり諦めやすい人になってしまいます。

もちろん、家庭においても例外ではありません。

家庭に根付いた習慣はもちろん、そこで使われる言葉もまた、お子さんに大きな影響を与えます。

語彙を獲得していく過程にある幼少のころは、とくに言葉が与える影響は強いので言葉遣いには気をつけたほうがいいでしょう。

とくに注意したいのは、「どうせ」という言葉。

伸び悩む子で圧倒的に多いのが、この言葉を便利なものとして使っている子です。ネガティブな言葉で、考えることから逃げ、可能性を閉ざしています。

そこで気をつけたいのは、「親」が使う「どうせ」です。

「どうせ、先に手を出したんでしょ」
「どうせ、宿題やってないんでしょ」
「どうせ、ずっと遊びほうけていたんでしょ」

もちろんそれが事実だとしても「どうせ〜」と言われ続けたら返答も「どうせ僕は〜」になりますよね。

これでは、売り言葉に買い言葉で悪いスパイラルから抜け出せません。

「どうせ」という言葉が口から出そうになったら、一度飲み込んで、「問いかけ」に変換してみましょう。

「どうせ、先に手を出したんでしょ」→「どっちが先に手を出したの？」
「どうせ、宿題やってないんでしょ」→「宿題はやった？」

決めつけず、自分で考えさせることが大切です。

もちろん、反論や言い訳もするでしょうが、反論や言い訳をするからこそ、そこに過ちがあれば、自分の非に気づくもの。

子どもが過ちに気がついたことがわかったら、それ以上追い込んだり、言及したりする必要はありません。自分で気づき、考えさせることが大切です。

「どうせ」という言葉を使わない

後伸びする子の家庭習慣 20

いつも長続きしない理由とは？

「うちの子は何をやっても長続きしないんです」

そういった相談を、よく受けます。

欲しいというから買ってあげたのに、やりたいと言ったから習い事を始めさせたのに、どうも熱心にやっているように見えない。数カ月もしたら、「始めなければよかった」とすら言い出す始末。挙句の果てには、習ってほしそうだったから、と人のせいにすることも。

親御さんが頭を抱えたくなるのも、よくわかります。

では、なぜこのようなことが頻発するのでしょうか。

それは、とてもシンプルで、**安易に与えすぎているから**です。

好奇心旺盛な子ほど、あれも欲しいし、これも欲しい、この習い事もやりたいし、あれも習ってみたいと言うものです。

しかし、実際のところ、それは言うほどの欲求も意欲もありません。

適当な表現が難しいところですが、「何となく口にしている」、本当にその程度です。

たとえば、日中に欲しいおもちゃを「三つ」聞いて、その「三つ目」を夜に聞いてみてください。

一番、二番は覚えているかもしれませんが、三番目くらいになると、あやふやになってきます。

さらに、その日一番欲しかったと言っていたものを1カ月後に聞いてみてください。

ほとんどの場合、変わっているでしょう。

習い事も一緒です。今日はサッカーをやってみたいと言っていたのが、翌日は野球に鞍替え、翌々日は再びサッカーに、なんてことはよくあることです。

それが目の前に届いたり実際に始めてみたりすると、急に気持ちが冷める経験は、皆さんにも心覚えがあるのではないでしょうか。

1、2日は買ってもらった手前遊ぶが、数週間後にはおもちゃ箱で眠っている。そして、新たに欲しいものが見つかり、また「欲しい」と口にする。今度は大切にするから、たくさん使うから……と言って、結局長続きしない。

子どもは、ある程度わかってしまったら飽きてしまうものなのです。

習い事も同様です。

とくに「○○ちゃんが習っているから」は要注意。

運よくその習い事との相性がよければいいですが、お友達と一緒というモチベーションだけでは、そう長く気持ちは続きません。

習熟することへの意欲や競技そのものへの深い思いがなければ、成果もなかなか期待できないでしょう。

安易に与えても、9割は続かない

後伸びする子の家庭習慣21

待てばわかる、子どもの本当の「好き」

では、大切にする、長続きするものとは何か?

それは、長い間待望していたものです。

私の場合、自転車がそれでした。

近所のお兄ちゃん、お姉ちゃんが自転車に乗って疾走している姿を見ては、いつか自分も自転車を持ちたいと、ずっと願っていました。

小学校への入学を機に、自分の自転車を持ち始めた同級生の友人たち。もう、うらやましくて、欲しくて、胸がはちきれんばかりです。

しかし「高価なものだろうし、うちには妹も弟もいるから、買ってもらえないだろう」なんて、生粋の長子的な思考で自分に言い聞かせていた記憶もあります。

そんなある日、家に帰って玄関に入ると、真っ黒に光り輝く自転車が。泥除けに「相澤樹」と私の名前が白いペンで書かれています。

「僕のだ……」口から心臓が飛び出してくるのではないか、というほどの驚き。そのあと、気持ち悪くなったことも覚えています。

嬉しさや喜びという感情が芽生えたのは、実際に乗り始めてからでした。

おそらくこれが、記憶の中にある一番最初の宝物です。

来る日も来る日も、学校から帰ると「自転車あるかな?」と確認しては安堵したものです。

初めて目にしたときの高揚感は、年を重ねるごとに徐々に色褪せましたが、数年を共に過ごし、一緒にいろんな場所に出かけ、ボロボロになっても修理を重ね乗り続けた自転車がいよいよ小さくなって別れる日。

それまでの感謝と二度と乗れない悲しさは、今でも鮮明に覚えているほどです。

☑子どもの「欲しい」「やりたい」が本物かどうかを見極めるコツ

子どもの「欲しい！」「やりたい！」は、衝動的なものが多いのが事実です。その要求にすべて応えていたら、時間は足らないし身も持ちません。何より「欲しいものは手に入る」という勘違いを与えてしまうことが一番の問題です。

子どもの欲求が本物かどうかを見極める方法は二つ。

一つは、その気持ちが本物かどうか「待つ」ことです。**半年から1年以上、その熱意が続くようであれば、それは興味が移ろいやすい年代の子にしては、真剣なものと判断できます。**

もう一つは、実際に試しにやらせることです。

このとき、選択肢は多ければ多いほうがいいです。最終的な選択肢が二つ三つあって、悩みに悩んだ末に「もう1回確かめてみたい」と思えるほどのものがあれば、本物といえるでしょう。

またこのやり方は、とくに性格的に興味や関心をわかりやすく示さない子に有効です。

無料体験などを有効に使い、さまざまな世界に触れさせ、主体的に「やってみたい」と思えるものに出会わせることができます。

そしてこのときも、「待つ」ことが大切。

こうした子は、意志がはっきりと見えないため、考えていないと思われがちですが、絶対にそんなことはありません。

苦しいのは、熟考を許されない圧迫感です。

「早く決めなさい」「どれがいいの？」といった言葉かけで焦らせるようなことはせず、子ども自身が気持ちを伝えてくることを待ちましょう。

「待って」やる気が熟成されればゴーサイン

後伸びする子の家庭習慣 22

お母さんの心の安定が、我が子を育てる

私が勧める「花まる学習会」の代表・高濱正伸は、健やかに育つ子の後ろには必ず安定したお母さんがいる、と一貫して伝え続けてきました。

目先の学力よりも、最終的に社会に出て「自立してメシが食える大人」になることこそが、一番大切なこと。そういう子たちを育てるためには、まずはお母さんが毎日安心、安定して過ごしてほしい。そのために微力ではあるけれど、私たちが子育てのパートナーでありたい――。

このような意識で立ち上げられた花まる学習会ですが「お母さんこそ大事」というのは、私自身、年数を重ね、多くの子どもたちの成長過程に携わるにつれて、

より強く真実だと感じられるようになったことです。

もちろんこれは、お母さん自身が一番よくわかっているはずです。

できることならば怒ることなく、いつもニコニコして、褒め言葉をたくさん使ってあげたほうがいいと思っていることでしょう。

だけど、なかなか思い描いている姿にならない。

宿題の取り掛かりが遅ければイラッとし、片付けをしなければイラッとし、準備が遅ければイラッとし、旦那さんの空返事を聞けばイラッとし、子どもが寛《くつろ》いでいてもイラッとする。

「いつもイライラしてばかりで、自分が嫌になる」と話されるお母さんにたくさん会ってきました。

理想のお母さんでありたい、という思いが強くなればなるほど、疲れてしまうものです。

「自然体」という言葉があります。

柔道や剣道の基本姿勢です。無理がない形で自然に立った姿勢をいい、このりきみのないが姿勢が一番強いといわれます。

子どもの前に立ち始めて20年。いまだ子育ての特効薬や、絶対にこれをやれば正しいという答えに出会ったことはありません。

ただ、少しだけイライラを緩和するために工夫できること、その一つが、「自然体」であることだと感じます。

その逆は「演じる」ことでしょう。りきみのある無理な姿勢です。これは、疲れます。いいお母さんでいたい、そう演じすぎることは、どこかでやはり無理をしているものです。

怒るも褒めるも、正解はない。
何もかも、自然体で自分らしくでいい。

そう考えれば、気持ちも少しは落ち着くものです。

自然体で子どもに接する

後伸びする子の
家庭習慣
23

子育て＝お母さん＝住まい

もう一つ、心の安定を得ているお母さんに共通するのは、自分なりのストレス解消法を持っていることです。

面白いのは、お母さんにリサーチをすると、およそ8割以上の方がイライラする場所は「家」と答えられます。

そのほかにも、外食中、アミューズメントパークといった答えがありましたが、なぜか「家」が圧倒的多数。

これはなぜでしょう？

「家」は本来、心身を休め、明日への英気を養う場所だということに異論はないと思います。のんびりしたり、寛いだり、趣味の時間に充てる場所です。

しかし、時代は随分変わったとはいえ、やはり家の中はお母さんにとっては戦場なのでしょう。

家族をコントロールする司令塔としての役割を担われているお母さんも多いはずです。

時間に追われながら、家事を進めていく――。

その横でテレビを見て大笑いしている我が子を見れば、「少しは手伝え！」と思う気持ちはわかります。

日曜日にゆっくり寝ているご主人、休ませてあげたいという思いとは裏腹に掃除機で小突いてしまう。

リラックスできるはずの家で、そこに一番長くいるお母さんが、まったくリラックスできていないということが起こっているのです。

☑自分ひとりで心を癒せる場所を

以前、面談でお母さん方に、「家の何が変わればストレスが軽減されますか？」と聞いてみたことがあります。

もっとも多かったのは「家事動線」。

もう少し効率的に動きたい。時間の無駄を減らしたいと望まれている方が多いようです。

収納を増やしたい、という方も多くいました。しまう場所の少なさもストレスになっているのですね。

キッチンの利便性を挙げる人も多くいらっしゃいました。

ただ、二つ目に望むものを聞くと、少し変化が見られました。

「自分の場所（パーソナルスペース）があると嬉しい」という声が多く聞かれたのです。

書斎とか、立派なものではなく、慌ただしい家事の合間にちょっと腰を落ち着かせて、リラックスできる場所を望んでいるようです。

この、ちょっとした**「自分の場所」「自分の時間」**を、緩やかな習慣にしているお母さんには、切り替え上手な方が多いと感じます。

　キッチンの死角になるところに椅子を置いて、お湯が沸くまでちょっと本を読んでみたり、その近くにタブレットを置いて隙間の時間にちょっと新しい料理を調べてみたり、ぼーっとコーヒーを飲む時間を大切にしてみたり……。

　5分でも、10分でも、肩の力を抜いて好きなことに没頭（何もしないことも含めて）し、リラックスできることが、結果としてお母さんの心にゆとりを持たせているのでしょう。

　そうした「ひとり時間」をうまくつくれると、帰ってくる子どもとのコミュニケーションも、心穏やかになるでしょう。

お母さんだけの「ひとり時間」をつくる

後伸びする子の家庭習慣 24

column・4

長子の拗《す》ね・嫉妬にご注意を

伸び悩む子の要因でもっとも多いのが、自分に自信がなくて拗ねたり嫉妬したりすることです。

そして拗ねや嫉妬が起こる原因は、他者との比較によるものです。

近所のお子さんと比べられて自信をなくすケースも散見されますが、一番多いのは兄弟姉妹間での比較です。

一般的にその被害を受けているのが、最初に生まれた子。つまり、長子長男、長子長女です。

兄弟姉妹間の拗ね、嫉妬の入り口として「習い事」が挙げられます。

私自身、三兄弟の長男に生まれ、この流れに完全にはまりました。

私が４歳になったころの話です。

母に強引にスイミングスクールに連れていかれ、私の意志に関係なく、入会させられました。

母にしてみれば、近所の幼馴染も通っているし、身体も鍛えられるし、少し手が離れるし、これはいいだろうという思いからの行動です。

しかし、私自身はまったく通いたくありません。モチベーションがゼロなのです。

毎回泣きながら通い、意欲もないものですから、いつまでたってもうまくなりません。

せめて、観覧席に母の姿が見えれば、まだ頑張ろうとしたかもしれませんが、預けることが目的の大半ですから、そこにいるわけがありません。ただただ、漫然と時間が過ぎるのを待つのみの苦痛の日々を過ごしていました。

しかし、まったくやる気のない私を、羨望の眼差しで見つめている者がたった一人いました。

三つ下の妹です。

「早くお兄ちゃんみたいに水泳を始めたい」と願い、それを待つ期間が彼女のやる気を十分に醸成《じょうせい》させたのでしょう。

いよいよ、待ちに待った水泳がスタートすると、意欲に満ち溢れた妹は、水と戯れるのを喜び、笑い、ものすごい勢いで進級していきました。多少のアドバンテージがあり先輩面していたのも束の間。私が入会から3年近くかかったクラスまで、わずか1年弱で追いついてきました。当然、大人の眼差しは、やる気を見せない兄ではなく、楽しそうに通い、どんどん成長を見せる妹に注がれていきます。

そして、とうとう同じクラスに上がってきた妹。さすがに、ここで抜かれては兄としての面目が保てないと、初めて翌月の進級テストでの合格にこだわりました。

しかし、あえなく逆転を許し、妹を称える両親に背を向け、「どうせ、俺なんて」状態に入りました。

その拗ねた様子に気づいたのでしょう。

とどめの一撃は、母からの「お兄ちゃんも頑張ってるよね！」という配慮のひと言。

お願いだからスポットライトを今当てないでくれ……と思いましたが、

時すでにおそし。

妹の憐れむような、蔑むような、そんな視線をばっちりと目に焼き付けました。


あくまでも私の事例ですが、これに類似しているケースは非常に多くあるように思います。

習い事では、高い憧れ・やる気を持ち、事前に長子の姿を見ていたり、ある程度のやり方を事前に教えてもらっていたりする弟、妹のほうがやはり上手になることが多いです。

そこで有効なのは、**もし弟、妹が同じ習い事をしたがっても、長子とは別の場所にする**ことです。

そうした配慮が、長子を伸ばす可能性を高めます。

あとがき

ここまで読み進めていただきありがとうございます。
本書の中で何か一つでも子育ての参考になるものがあれば、こんなに嬉しいことはありません。

さて、普段の生活の中で「習慣」を意識しながら過ごすことはあまりないのではないでしょうか。それは、習慣として身についていることは、ほぼ無意識に行動に起こしていることが多いからです。

例えば、歯磨きは、その代表的な例の一つでしょう。皆さんも、ほぼ無意識に、寝る前などの歯磨きが習慣となっているはずです。

しかし、無意識レベルの習慣にまで落とし込まれるには、意外と膨大な時間が費やされているものです。

歯磨きの例でいえば、まずは、歯が少し生えてきたころから、毎日決まった時間にお子さんを膝の上にのせて歯を磨く。そして徐々に一人で磨かせ、親御さんが磨き残しをチェックする。そして少しずつ手を放し、いつしか自分で毎日当たり前に歯を磨けるようになる――。

つまり、新たな習慣を無意識レベルまで身につけさせようとすることは、そんなに簡単なことではないのです。それが、ちょっと面倒くさいことであれば定着するまでには、より時間がかかるといえます。

新たな習慣が定着するまでのコツはいくつかあります。

一つは、すでに無意識レベルまで身についている習慣の間に新たな習慣を組み込むことです。

「習慣」と「習慣」の間に「新たな習慣」にしたいものをはさみ、馴染ませるというイメージです。例えば朝は、歯磨き、布団をたたむ、顔を洗うなど、無意識レベルの習慣が多くあるので、そこに「勉強」の習慣を入れているご家庭もあります。

二つ目は、それが楽しみなもの、その時間がくることが待ち遠しいと思えるようにすることです。

夜寝る前の読み聞かせの時間などが習慣として定着しやすいのは、毎日その時間が待ち遠しいと思えるからで、自発的なものになりやすいからです。

そして、「一人ではない」ということも大切です。

誰かと一緒だと、習慣が崩れそうになったときでも乗り越えられます。

例えば、思春期の鍛錬の時期。苦しい練習が続く部活動に心が折れそうな時、同じ目的をもってその苦しみを分かち合うような仲間がいると、そう簡単にへこたれるわけにはいきません。

プロローグで紹介したSさんの事例も、ご両親に根付いた習慣の側にお子さんがいるという、習慣を身につけるための伴走者がいる好例ですね。

私はどんなことでも「続ける」ことには、それだけで価値があると思っています。その道中には、道草もあるでしょうし、休みたい時もあるでしょう。

しかしそのなかで、一歩でも先に進むことを繰り返していくことが大切だと考えます。

特別に秀でたことを持たぬ私が、今回、このような機会をいただき執筆することができたのも、気がつけば二十年間、幸せなことに目の前にいる生徒たちがただただ愛おしいと思い続け、現場に立ち続けた蓄積でしかありません。

この仕事を続けていられる私にとっての伴走者は子どもたちだったのです。


最後に、遅筆な私に寄り添い何度もスケジュールを組み直してくれたあさ出版の畑下さん、思考を深く掘り下げ言葉を引き出してくださった岩井愛佳さん、同僚の岩川さん、無名の私を採用してくださった、あさ出版の皆様のあたたかいご支援なくしては、本書は完成しませんでした。心より感謝いたします。

そして何より、当たり前のことを当たり前にやれるようになるまで育ててくれた両親に感謝します。

花まる学習会　相澤 樹

著者紹介

相澤 樹（あいざわ・たつき）

花まる学習会 講師
1978年千葉県生まれ。幼稚園児の体操指導、お泊り保育のインストラクターを９年間務めた後、2006年、花まる学習会に入社。
代表の高濱の元で花まるメソッドを学び、関東各地で授業を行いながら、花まる学習会の事業展開に従事。社員採用や講師育成も担い、現在の花まる学習会で活躍する人材を数多く登用してきた。現在は、関西ブロックの責任者も務める。
子どもたちを惹きつける情熱的授業や、その語り口調から「パッション」の異名を持ち、多くの生徒や保護者から支持され続ける。子どもたちの様子を観察することにも長け、事例を蓄積した講演「後伸びする子の家庭の習慣」は全国の小学校や企業から好評を博している。

執筆協力　岩井愛佳

60点《てん》でも伸《の》びる子《こ》、90点《てん》なのに伸《の》び悩《なや》む子《こ》　〈検印省略〉

2016年　4　月　5　日　第　1　刷発行

著　者――相澤 樹（あいざわ・たつき）
発行者――佐藤 和夫

発行所――株式会社あさ出版
〒171-0022 東京都豊島区南池袋 2-9-9 第一池袋ホワイトビル 6F
電　話　03 (3983) 3225 (販売)
　　　　03 (3983) 3227 (編集)
F A X　03 (3983) 3226
U R L　http://www.asa21.com/
E-mail　info@asa21.com
振　替　00160-1-720619

印刷・製本　(株) ベルツ
乱丁本・落丁本はお取替え致します。

facebook　http://www.facebook.com/asapublishing
twitter　http://twitter.com/asapublishing

ISBN978-4-86063-857-3 C0030